实用口语交际

主审 于漪

主编 申明清 陈民民

上海科学技术文献出版社

图书在版编目（CIP）数据

实用口语交际 / 申明清，陈民民主编．—上海：上海科学技术文献出版社，2007.8
ISBN 978-7-5439-3328-6

Ⅰ．实… Ⅱ．①申… ②陈… Ⅲ．汉语—口语 Ⅳ．H193.2

中国版本图书馆 CIP 数据核字（2007）第 120869 号

责任编辑：储文瑞
封面设计：白玉琼

实用口语交际
主审　于　漪
主编　申明清　陈民民
*
上海科学技术文献出版社出版发行
（上海市长乐路 746 号　邮政编码 200040）
全国新华书店经销
江苏常熟人民印刷厂印刷
*
开本 787×1092　1/16　印张 7.5　字数 173 000
2007 年 8 月第 1 版　2012 年 9 月第 3 次印刷
印数：11 001~16 000
ISBN 978-7-5439-3328-6/G・891
定价：12.00 元
http://www.sstlp.com

编写委员会

主审　于　漪

主编　申明清　陈民民

参加编写人员：（以姓氏笔画排序）

孔　茜　卢咏梅　朱　雨　刘桂华

刘　弘　陈民民　张文萍

前　言

为适应改革开放、百业俱兴的经济发展对具有较强普通话口语交际能力的职业人员的需求,从20世纪90年代初起,上海市中等职业学校在语文教学中就明确提出了"能说会写"的培养目标,其中"能说"就是指培养学生有较高的实用口语交际能力。近二十年来,在上海市教育委员会、上海市语言文字工作委员会的大力支持下,每年都举办全市性的中等职业学校学生普通话口语比赛,对加强口语教学产生了积极推动作用。许多教师在教学实践中,进行教材的编写、教学方法与训练方法的摸索,取得了不少经验。为了进一步推广、普及口语交际教学,大力提高中等职业学校学生的口语交际能力,有利于实现培养新世纪高素质职业人才的目标,我们专门编写了这本《实用口语交际》,以满足各中等职业学校教学的需要。

本书的特点是系统性、实用性强。本书根据日常社会生活交际语境与职业交际语境的区别,分设聆听、交谈(日常生活交谈、公务活动交谈)、介绍、咨询、推销、应聘、洽商、演讲、论辩等课题,基本上涵盖了中等职业学校学生在生活与职业交际活动中进行口语交际的内容、形式和所需要的能力。每一章的内容安排分为"导学提示"、"知识概要"、"示例评析"、"模拟(情境)训练"等几个部分,构成完整有序的一个个学练系统。"知识概要"力求通俗、简明地阐述各种交际形式的特点、原则、方法、语言要求等,起到"导练"的作用。"示例评析"部分精选典型实例,并加以精要的评析,力求起到"训练示范"的作用。模拟题的设计,尽可能贴近学生的实际,贴近社会生活,而且尽可能调动学生兴趣,具有较强的可操作性。

本书由申明清、陈民民主编,由著名语文特级教师于漪主审。在此,衷心感谢于漪老师的大力支持。参加编写的人员都是长期从事口语交际教学和研究的老师,其中大多是国家级或上海市市级普通话测试员。

本书由于编写时间较紧,又受水平限制,错误和不妥之处难免,恳请广大师生和专家给予教正。在编写过程中参考了一些书籍和杂志文章,在此一并表示诚挚的感谢。

编　者

2007年5月8日

目　录

绪　论

一、口语交际课程的性质特征

中等职业学校普通话口语交际课程是从语文课脱胎而来的一门技能性、实用性、实践性很强的课程。国家教育委员会、国家语言文字工作委员会在[1993]68号文件中明确指出："要把掌握和使用普通话纳入职业中学的培养目标，作为职业技能训练的一项重要内容，使学生的普通话水平能够适应未来职业的需要。"在两委颁布的《职业中学普通话教学基本要求》中指出："职业中学各专业的普通话教学属于基本技能训练课，必须列入专业基本技能类的必修课。"这里对"口语"课的课程性质作了清晰的界定：属于"专业技能训练课"，而且是"必修课"。这就表明"口语"课可以从语文课脱胎出来，而且应该获得与其他专业技能课程同等重要的地位。与之相适应，上海市教育委员会先后颁布的中等职业学校语文课程标准也都把"口语交际能力"作为与"阅读能力"、"实用文写作能力"等相并列的一个板块，明确了口语交际教学的课程地位。

中等职业学校"口语"课既有语文教学的共性，又有自己的个性，将之界定为"技能训练课"，有两层含义：其一，职校学生口语交际能力具有鲜明的"职业技能"色彩，因为其未来交际对象主要是职业活动中的主、客体，交际内容主要是与专业业务密切相关的信息交流，口语是职业交际活动必不可少的工具；其二，训练是技能培养的必由之途，是教学的主要载体。为了实现培养学生在社会生活语境特别是职业语境中熟练运用普通话口语进行交际的能力的课程目标，口语教学应特别注重实践性和应用性。

二、口语交际教学的原则

中等职业学校口语交际课程的技能性、实践性特征决定了口语教学的原则是以能力为本、训练为体、应用为主。所谓"能力为本"，是指培养普通话口语交际能力是口语教学的本质属性，是一切教学活动的根本宗旨和最后归宿，对整个教学过程起着目标导向和手段制约的作用。所谓"训练为体"，是指训练是口语交际教学的主体，训练贯穿着教学的全过程，教材的运用、教学内容的安排、教学过程的设计、教学方法的选择，都应该围绕着有效的训练而进行，一切有关的理论知识都是作为有效训练的理论基础或方法依据。所谓"应用为主"，是指进行口语交际训练的目的是适应社会交际和"未来职业交际"中实际应用的需要。"练"是为了用，而"用"又是练的必要途径。

三、学生口语交际能力的构成及训练重点

现代语言学理论的一大特点就是把语言看作是人类的本质特征。例如,美国语言学家莱尔德说:“人确实可以定义为一种语言化的哺乳动物。”叶斯布逊也说:“语言是以交流思想和感情为目的的人的活动。”语言交际能力是人的全面素质的外在显现,“善谈者是各种能力的综合,诸如品德修养、学识修养、心理素质、语言表达能力……”这样看来,中等职业学校学生的口语交际能力就是由多层次、多因素(显性、隐性素质)构成的综合能力系统。我们可以将之分解为四个层面:

第一个层面:普通话基本能力。要求发音准确,吐字清晰,说话连贯。掌握普通话声、韵、调、音节的发声、拼合方法,掌握必要的规范汉字和常用词汇,及普通话语法规范等,使学生的普通话水平达到规定的等级标准。普通话能力不仅可以在语文课和母语环境中习得,也可以在口语课上得到提高。训练重点应放在突破普通话语音难点和纠正特定方言区学习普通话发音的误区,如吴方言区,平翘舌不分、前后鼻音不分,f、h 不分,n、l 不分等,为准确、流畅地进行口语交际打好重要基础。

第二个层面:听知能力,即对特定环境中的话语直接、迅速、整体感知、把握的心理能力。听知能力是在长期的言语实践中形成,并且是随着语言积累、思想文化修养、社会阅历和思辨能力的丰富、提高而不断增长的。通过训练可以大大提高话语感知的直觉性、敏捷性和准确性。听知能力训练可分听——记——知三个环节,就是倾听对方说话,记取有用信息(通过分析、选择、提炼),理解话语含义(表层的、深层的),体味话语色彩(直率、含蓄、幽默、赞赏、揶揄、讽刺等),辨析话语动机,把握话语主旨。教学的重点是句、段听力训练与辨义、析旨训练。

第三个层面:一般口头交际能力(包括朗读、演讲等单向表达能力与交谈、论辩等双向交际能力)。朗读训练是由读到说的重要桥梁,训练重点是把握好语音、语调、语速、语气与情感表达的规律。演讲训练重点是掌握说理、抒情的技巧,以及增强思维的逻辑性与语言的条理性。交谈、论辩都是双向的口语交际形式,需要聪敏的听辩能力、严密的思维能力、得体的应对能力与灵活的应变能力。著名语言学家邦文斯特认为:“思维的可能性总是同语言能力不可分割。”于漪老师也认为:“语言既是思维的工具与手段,又是思维的外现与结果,两者相互制约又相互促进,要提高说话能力必须提高思维能力。”所以,在这一层面上,不仅要注重语言技巧训练,而且要注重心理素质训练和思维方式训练。

第四个层面:职业口语交际能力,在中等职业学校学生口语交际能力结构中处于核心地位。它是以上述各种能力为基础,以职业道德与人格修养为底蕴,以相关专业知识、公关礼仪知识为工具的言语实践能力。例如咨询、介绍、解说、接待、洽谈、应聘等等,都是职业交际口语的应用形式。在教学中既要把握各自的交际内容与方式的个性,又要找出“放之四海而皆准”的共性,就是文明、规范、得体、合时、应人、适境,达到上海市中等职业学校语文课程标准所提出的“切合职业语境的表达需要,达到职业岗位的能力要求”的标准。

四、口语交际训练的方法和途径

“口语”课必须突出训练的主体地位,精心安排训练内容,恰当选择教学模式,注重优化训练方式,把训练目标落到实处,使“口语”课生动活泼而有实效。

(一) 选择贴近实际的训练话题,做到训练有“物”

口语交际教学应坚持以学生的自主活动为中心的课堂教学原则。学生参与训练的积极性很大部分来自于内在需要与兴趣,要使学生有话想说,有话可说,进而有话会说。训练话题的选择要做到三个“贴近”:首先要选择贴近社会生活的热点,把学生的思想触角引向广阔的社会生活,从生活的“大题库”中汲取口语训练素材,把培养口头表达能力同培养对社会生活的观察、思考能力结合起来;其次要贴近学生的生活、思想实际,包括他们思想的困惑点,鼓励学生各抒己见,畅抒己见,让他们在“一吐为快”的同时,表现自己的思维个性,提高分析问题和解决问题的能力;再次要贴近学生专业特点,增强学生参加口语训练的内趋力。进行口语训练,是为了适应今后职业交际的需要,所有的学习与训练都围绕这一目标进行。因此,要充分利用教材中与职业口语交际相关的训练题,又要结合学生的特定专业,选择、补充与本专业密切相关的话题。例如:银行专业,可选择“怎样向客户介绍各种金融产品”的话题;保险专业,可以选择“怎样说服客户参加保险并为之选择合适的险种”的话题;导游专业可以选择“向游客作景点介绍、解说”的话题;商业营销专业则可选择“向顾客推销各种商品,或介绍商品使用、维护常识”的话题等等,学生一定会兴趣盎然,受益非浅。

(二) 形成讲练结合的教学模式,做到训练有“序”

口语交际训练课的基本模式是:讲练结合,以练为主。“讲”是指对教材中“知识概要”的阐释,对训练方法的提示。“讲”是“练”的先导,“练”是“讲”的落实。“讲”要提纲挈领,言简意赅。“讲”所用时间一般占一节课的1/4,最多1/3。讲练结合一般有两种形式:(1)先讲后练。先讲清整节课的所有训练要点,然后组织训练。(2)边讲边练,分层落实,重点突破。根据教材内容与训练要点,分别设计训练题,采取“分格”训练方法,逐层落实教学要求。要选择一二个重点,重锤敲打,使训练有坡度。

(三) 创设情境,模拟角色,做到训练有“法”

口语交际课的教学训练方法应该丰富多样,生动活泼。例如:采取“围坐式”的教学组织形式,有利于创造宽松和谐的训练氛围;采取游戏、竞赛型的训练方式能寓练于乐,妙趣横生;采取多媒体教学技术能大大增强训练的直观性、生动性……当然,最有效的方法莫过于创设情境和角色演练。美国语言学家H · Dorglas Brown(道格拉斯 · 布朗)在《语言教学的原则》一书中把“临时设计情景,让学生自发地运用语言进行交际”作为口语教学的一个重要规则。著名语文特级教师钱梦龙先生也曾说过:“说话训练其主要目的就是培养学生对动态语境的适应能力,这对提高学生的实际语言能力是十分重要的。”设计情景的题材是无限丰富的,可以是学校生活情境,家庭生活情境,也可以是一般社交情境与职业交际情境等等。创设情境与学生角色模拟是紧密结合着进行的,学生可以以单一角色的方式进行个人即兴说话和演讲训练。例如:在竞选学生会委员的仪式上做竞选演说;以新生的身份向新集体的老师与同学作自我介绍;以某商品消费者的身份向消费者协会进行投诉……也可在小品中分别扮演某一角色分小组进行情境会话训练。例如:模拟某公司进行招聘的场面,学生分别扮演公司总经理、人事部经理与应聘者进行对话;模拟某商店营业员与一位爱挑剔的顾客之间的对话等等。

怎样扩大情境训练的参与面?情境训练设计的着眼点是让尽可能多的学生得到直接或间接的训练。其具体做法是:(1)同一情境可以先分小组,人人参与,后进行课堂交流,集体观摩。(2)同一话题设计不同情境,分组演练。例如,“商店营业员怎样有礼貌、得体地接待顾客,作商品介绍”的话题,可以根据商品的各种类别、不同的服务对象设计不同的接待、介绍的情境,也可做到人人参与。(3)同一情境中的角色互换,让学生体验不同角色的年龄、身份、职业、心理等特征,掌握不同的说话方式与技巧。(4)学生参与训练的设计与评价,这是更高层次的训练。

(四)拓展口语交际训练的空间,在实践中提高应用能力

口语交际的外延与生活相等,生活是口语训练最好的课堂。首先要培养学生在校内外生活环境中坚持讲普通话的习惯;其次是组织各项有利于培养学生普通话口头表达能力的活动,如即兴说话比赛、演讲比赛、诗文朗诵比赛、辩论比赛等。要引导、鼓励学生利用各种交际场合锻炼自己的口语交际能力。指导学生从日常生活中汲取丰富的口头语言素材,留心倾听别人交谈中运用的礼貌语、称呼语、雅语、敬语、谦语、赞美语、委婉语、幽默语、避讳语、应变语等等,学会做语言资料卡片,建立个人语言资料库。要引导学生在各种社会实践活动,尤其是在专业实习、实训活动中,学习社会交际语言与职业交际语言,尽量收集掌握规范的专业用语,同时,有意识地把在书本、课堂中学习的口语交际知识,运用于社会交际与职业交际的实践中,提高实际应用能力与灵活应变能力。

第一章 聆 听

【导学提示】

还记得我们小时候做过的传话游戏吗？要完成传话任务，使信息准确无误地传达到最后一个伙伴的耳中，听话能力在整个游戏过程中起着非常重要的作用。只有每一个人都做到听得准、理解快、记得牢，才能保证传得快、说得准，最后不走样。这个游戏告诉我们：学会听，是准确地获取信息的基础。

有关言语交际功能的资料表明，在日常言语活动中，人们有近一半的时间在听。学生在校学习，除阅读和训练外，主要是听讲、听记。听话能力是学好各门学科的基础。会听课的学生，大多学习效率高，学习成绩好。

随着生活节奏的加快，通讯技术飞速发展，用声音传播信息的渠道越来越多。这一方面给人们的生活、学习和工作带来了便利，另一方面也对人们的听话能力提出了更高的要求：要有效地利用现代化的通讯工具，必须有良好的听话能力作保证。

听话能力，是人对有声语言的感知、理解、记忆和整合能力。只要没有听觉残疾，人在生理上都有听力。听话能力不仅仅是听力，还包含着复杂的智力活动，而且与人的知识水平、生活阅历、为人修养有着密切的联系。听力不等于听话能力，听力佳不等于听话能力强，听话能力也需要后天的训练和培养。

下面，我们按照听话能力的要求，从四个方面进行学习和训练。

第一节 感 知

【知识概要】

一、聆听感知的基本要求

感知，是我们从对方言语中接受信息的第一步，主要借助听觉、视觉，直接感知说话人发出的信息。这个过程需要听话人集中注意力，准确分辨语音，识别词语，理解句子和语段，听清说话人的语气、语调，观察说话人的表情、态度。好的倾听者总是把善于听别人讲话当成增长知识或了解情况的机会，善于从别人的滔滔话语中寻找重要的或自己需要的内容，从不放过任何信息。他们总是兴致盎然地听对方讲述，尽量避免因个人偏见而主观臆断；他们重视谈话者的独到见解，而不是计较事实上的对与错、可行与不可行；他们除了“听音”，还会“辨调”、“观色”。

二、聆听感知的注意事项

1. 学会客观地倾听

生活中，我们常常会看见这样的争执：甲指责乙歪曲了自己的意思，乙却坚持说自己肯定没有听错。这类争论与听话的准确性有密切关系。听别人说话，总会有自己的主观感受和评价，这是自然的；别人的说话引起自己感情的冲动和变化，也是难免的。但是，在初步感知阶段应该保持一种客观的、求实的态度。听话时，客观性与准确性是联系在一起的。只有坚持客观性，才能保证感知内容的准确性。主观性较强的人，在听别人说话的过程中，往往不知不觉就掺进了或浓或淡的个人色彩。所以，我们听别人说话，应客观地、如实地将语言信息传达到大脑，在记忆中保持"原汁原味"。主观的评价与判断是第二层次的事。

2. 学会聚精会神地倾听

听话是人际交往中接受有声语言、吸取信息的过程。因为这个过程是在人际交往中进行的，而口语又具有稍纵即逝的流动性的特点，所以听话的态度十分重要。听别人说话时应该思想专注，切忌心不在焉，否则就可能只听到只言片语，甚至听错，给后面准确地分析判断造成困难。在实际的口语交际中，表情专注地聆听，也是对说话人的尊重。充分地尊重对方，能够提高对方说话的兴趣，这反过来又有助于我们自己获取更多的信息。

3. 学会耐心地倾听

耐心倾听，不随便打断别人的讲话，这是有教养的表现。别人跟你聊天，就是想把他的所见所闻、所思所感告诉你，甚至希望得到你的重视和支持。不管对方讲话的内容怎样，首先要允许对方把话说完。哪怕是自己不爱听的话，或与自己意见相左的话，一般也要等对方说完以后再发表自己的意见。听到批评自己甚至是骂自己的话，也要冷静克制，认认真真地听别人说完。即使你要反驳，也要听明白对方的意思以后再发言。如果对他人的谈话不感兴趣，厌恶到无法忍耐的程度，可以设法巧妙地转移话题，切忌粗暴地打断人家的讲话。听话时如心浮气躁，随意插嘴，不合胃口就显出不耐烦的表情，这是不礼貌的，会伤害说话人的感情，也会影响自己听话的效果。

4. 学会边听边做出积极反应

反应是听话者对说话者所说内容的反馈，它对于口语交际的顺利进行具有重要的作用。交际能力较强的人善于积极地、有意识地对对方的话语做出反应。有什么想法和感受，听话人可以通过体态语，如点头、注视、微笑、身体前倾等方式表达出来，也可以用简短的应答语，如"嗯"、"是啊"、"哦"等来作出呼应。不要以沉默代替倾听，如果对别人的说话没有任何回应，容易引起说话人的误会。

5. 学会听音辨调，察言观色

除了听清话语外，我们还应该注意感知说话人的语气、语调、体态语、口头禅、习惯用语、表达习惯，从这些有声和无声的表达形式中，把握对方的心境、情绪、性格特点，捕捉比语言更真实、更微妙的思想感情，以获取更多更准确的信息。要做到这一点，听话人必须重视培养对细节的敏锐的观察力。

【示例评析】

(示例1)

一个幼儿园小班的孩子问:“老师,为什么孙悟空会腾云驾雾啊?”教师回答说:“是啊!孙悟空不愧为齐天大圣!小朋友好好学习,长大开飞船,比孙悟空飞得更快更高!”

〖评析〗

在这个示例中,教师并没有正面回答孩子提出的问题,但这个回答却是最佳的。孩子的话语中流露出的是对孙悟空的钦佩和赞叹。教师听懂了孩子的意思,所以没有从传授知识的角度给予肯定或否定的回答,而是从感情上给孩子以呼应,并借机激励孩子好好学习。

(示例2)

在某医院的神经外科里,一位新入院的病人问护士:“神经科治的都是什么病?”护士随口答道:“多啦,都是难治的病。”病人又问:“像我这样的脑病,大约多长时间能治好?”护士不耐烦地回答:“唉,你只管好好养病得了,问这么多干啥!没听说嘛,神经科活的少,死的多,不死也是傻呵呵。”病人听了这番话,便跳楼自杀,虽然未遂,却落下终身残疾。

〖评析〗

从职业素养上讲,这是一名不合格的护士;从口语交际方面看,这又是一个不懂得听音辨调、察言观色的聆听者。护士没有在意病人话语中的忧虑,没有考虑到医务人员的话语在病人心中的分量,因而也就没有对病人的问话给予积极回应,以致酿成大祸。

【情境训练】

〖训练题1〗

请认真听清下面一则故事,听完后回答后面的问题。要求在听记故事情节的同时,注意观察讲故事者的语调变化和表情、身姿变化。

张大吹和李会圆

张大吹是一个很会吹牛的家伙,仗着有几个臭钱,硬逼着同乡李会圆为他圆谎。

这一天,张大吹对乡亲们说:“告诉你们一件新鲜事儿,我昨天钓鱼,一钩子钓上来13只鸭蛋!”乡亲们一听,笑着对他说:“吹牛、吹牛!鱼钩子怎么能钓上来鸭蛋?”张大吹面不改色心不跳,手指身后的李会圆说:“不信问他,他亲眼看见的!”李会圆立即对众人说道:“不错,是我亲眼看见的!”大家又哄笑起来:“吹牛吹牛,你也吹牛!”李会圆一本正经地说:“诸位别笑,确有此事。说来也巧,张先生的鱼钩一下水,就钩在一只破篮绊儿上。拎上来一看,篮子里有13只鸭蛋。”经李会圆这么一圆,众人觉得有点儿道理。

又过了几天,张大吹又当众吹起牛来:“昨天夜里刮大风,把我家的井一刮刮到王家去了。”张大吹才吹完,大家就笑弯了腰,说张大吹吹牛太没边儿了,怎么也不信他家的井会被刮到隔壁去。张大吹仗着李会圆会给他圆谎,所以一点儿也不着慌。只见他又指指李会圆,煞有介事地说:“不信问他!”李会圆眉头皱了一下,说:“是,是我亲眼所见。”“吹牛、吹牛!”大家指责李会圆。李会圆正色道:“诸位,听我说嘛。张先生家和王先生家墙挨着墙,张先生家的那口井又靠着墙,这墙原是柴笆墙,昨晚风又大,那墙叫风一吹呀,便由井那边吹到井这边来了。这么一看,张先生家的井不是被风吹到王家去了吗?”众人不由得笑笑说:“有理。”

张大吹不吹牛比死还难过。这天,他又当众吹开了:“世上的奇事就是多!我家的大公鸡昨天竟下了个蛋,跟鸭蛋一般大。"吹完,他知道大家不信,照例手一指身后:"你问他……"说着脸一转,不见李会圆,立刻脸色发白了。原来,李会圆听张大吹吹得太不着边际了,实在没法圆,便悄悄溜了。

(1) 张大吹是怎么吹牛的?李会圆又是怎么替他圆的?

(2) 张大吹三次请李会圆圆谎,态度有什么变化?李会圆的态度有变化吗?你是从哪儿听出来的?这俩人各有什么性格特点?

(3) 乡亲们对张大吹吹牛有什么反映?李会圆每次圆谎后,乡亲们的态度有什么变化?

(4) 这个故事你原来听过吗?如果听过,刚才在听故事的过程中你插嘴了吗?

(5) 你觉得故事讲得精彩吗?为什么?

〖训练题2〗

设置一个对方感兴趣的话题,主动找一个人谈话。谈话开始后,你尽量只充当听话者的角色,想办法让对方不停地说话。谈话结束后,再对照听话的注意事项进行小结,归纳对方说话的主要信息、情感态度,并且从中揣摩对方的性格特点。

第二节 理 解

【知识概要】

一、聆听理解的重要意义

听话听音,锣鼓听声。一般来说,我们听人说话不会机械地、被动地接受,总是边听边想,听话者处在积极的思索、领悟和揣度的状态中。思索的过程就是对初步感知到的话语信息进行分析、判断、推理、评价的过程,也就是理解对方话语含义的过程。理解,是听话过程的核心环节;听话,就是为了理解说话人的意思。在许多谈话中,说话者的真实意图并不是直接体现在字面意思上,而是隐含在话语之中,这就是俗话说的"话中有话"。善听者能够结合自己已有的知识,对初步感知的信息进行解释,听出"话中话"、"弦外音",绝不会误解别人的意思或使自己蒙在鼓里。所以说,能不能正确理解别人说话的意思,直接影响个人的社会交际能力。具有较强理解能力的人,在社会交往中,会博得对方的尊重,建立更广泛的友谊;在开展工作时,能更准确地了解对方意图,更有效地控制工作进程,提高工作效率。在口语交际中,如果理解能力较差,就有可能误事或闹笑话。

二、聆听理解的主要方法

1. 培养透过说话人的外部语言追溯其内部语言的能力

外部语言指言语的表层意思,内部语言指言语的深层意思和潜台词。"潜台词"是指没有直接说出来的言外之意。要真正理解对方话语的含义,一定要分析对方的话语中是否含有"潜台词",这一点很重要。因为种种原因,有的人不愿或不便直截了当地说出自己的真实想法,而是采用比喻、比拟、双关、反语、婉辞等修辞手法来婉转地表达。性格内敛、学识渊博、社会地位高的人士更习惯用含蓄委婉的表达方式与人交流,我们在与他们交谈时尤其要注意这一点。

2. 学会透过细节分析、评价说话人

我们可以从一些表面上微不足道的谈话细节对说话人作出准确判断。例如:通过说话人的语气语调和身姿手势、眼神表情,发现对方的立场观点、真实目的、性情禀赋等等有价值的信息。在我们仅凭话语很难作出准确判断时,观察、分析说话人的行为举止,则常常会让我们有意外的收获。从对方谈话时爱谈论的话题、常重复的词以及动作习惯中,也能推断他的所思所想、所爱所恨。我们还可以在谈话前了解一些与说话人有关的背景材料,这也是帮助我们准确理解说话内容的不可忽略的细节。

3. 学会从庞杂无序的语流中抓要点、理层次、听思路

口语传播受时间限制,稍纵即逝;口语大多是现想现说,不可能像书面语言那样条理清晰、严谨完整,在遣词造句方面也不能像书面语那样字斟句酌。口语表达更加随意,内容更加零散杂乱。由于口语的流动性,我们很难记住对方说的每一个字,但是可以学会根据需要对大段的说话内容进行适当取舍,抓住关键的字、词、句,体会说话人的大致思路,从而把握关键问题,记住主要内容。说话时,人们常常习惯先提出要点,然后对要点进行解说,最后得出结论,或者对主要内容加以强调或引伸。因此,我们听话的时候要注意前后照顾,互相呼应,抓住其外在条理和内在联系,从说话人话语的层次结构上来捕捉要点。有的说话人还常常采用改变语速、突然停顿、提高或降低音量的方式来强调某些重点语句,所以,我们还可以借助说话人的语调变化来捕捉要点。

【示例评析】

(示例1)

美国总统肯尼迪遇刺身亡,法国总统戴高乐赴美参加葬礼。葬礼结束后,戴高乐与新总统约翰逊会见。约翰逊对戴高乐说,他期待着戴高乐正式访问美国。戴高乐回答说:"这种访问需要通过外交途径安排。"约翰逊听后认为,戴高乐已原则同意访美,只是需要通过外交途径安排好具体事宜后才能成行。于是约翰逊在州长会议上宣布说,他等待着戴高乐的访问。这时,戴高乐还在华盛顿,他听到约翰逊的谈话后,立即派法国驻美大使匆匆来到美国国务院,坚持说自己并没有答应访美,结果弄得美国人很难堪。

〖评析〗

在外交场合,戴高乐不能正面拒绝约翰逊的盛情邀请,所以他采用了婉转的外交辞令表明自己的态度;而作为听话方的约翰逊却没有听出戴高乐话中的潜台词,以至闹出误会。这不能不说是约翰逊在外交上的严重失误。

(示例2)

抗美援朝期间,一位美国记者来华采访周恩来总理。总理刚好批阅完文件,刚用过的一支美国派克钢笔还放在桌上。美国记者便借题发挥:"请问总理阁下,你们堂堂中国人,为什么要用我们美国生产的钢笔呢?"周总理长笑一声,说:"提起这支笔呀,是一个朝鲜朋友抗美的战利品作礼物送我的。我无功不受禄,原想谢绝,哪知朋友说,留下作个纪念吧!我于是收下了这支贵国的钢笔。"记者听完后,顿时说不上话来。

〖评析〗

周总理显然听出了美国记者的问话不是一个普通的疑问句,而是带有刁难色彩的反问

句，所以也话中有话地回敬了这位记者。作为杰出的外交家，周总理不仅以他敏锐的洞察力听出了对方问话的目的，而且彬彬有理地在这场唇枪舌战中取得胜利，维护了国家尊严。

【情境训练】

〖训练题1〗

观看一部经典的影视作品，通过观察剧中某主人公说话时的语气语调、语言习惯和体态语等方面的特征，分析该人物形象特点。

〖训练题2〗

听完下面一段故事后做概要复述，要求复述时不超过四句话。（或者用这则材料，以小组为单位做传话游戏，比一比哪个小组传得又快又准。传话前只允许第一位同学听到故事内容。）

一个名叫翟永令的人，他母亲因受佛教的影响很深，迷信思想相当严重，一天到晚不停地念“南无阿弥陀佛”。翟永令与之争辩多次，无论是讲大道理，还是用具体事实论证，都毫无用处。于是，他想出了一个办法，就是不停地喊娘。老太太听烦了，就责备儿子不该喊她。翟永令马上说：“既然不停地喊娘，娘不高兴，佛爷要是听见有人不停地喊他，就会更加生气。”老太太心悦诚服，于是减少了念佛的次数。翟永令终于说服了母亲。

〖训练题3〗

说歇后语练习。两人一组，一人说歇后语的前半部分，一人接后半部分。

第三节　记　　忆

【知识概要】

一、聆听记忆的重要性

“一只耳朵进，一只耳朵出”，从字面上看，就是指没有记住所听到的内容。听到的话若不能记住，听话就没有什么意义了。记忆是听话过程中获取信息的一个重要环节。听话的记忆能力，是听话能力的重要构成因素。生活中看电视节目、帮别人捎话，工作中听报告、传达会议精神，都对记忆能力有较高的要求。记忆能力强的人，能够一字不漏地复述所听到的内容，甚至连说话人点头等细节都记在脑子里。要在头脑里储存丰富的信息，就要靠平时用心记忆。

二、聆听记忆的主要方法

我们可以运用下列方法进行听话的记忆能力训练。

1. 在理解的基础上记忆

听话中记忆与理解是不可分的。记忆中的已有知识，是理解新听到的内容的基础；理解又是有效记忆的前提。听话中的记忆，不仅仅指记住词语，更重要的是记住话语的意义。要记住话语的意义，靠死记硬背是不能解决问题的，而必须在理解的基础上记忆。

2. 抓住关键词进行记忆

听话要记住话语的意义,但不等于说词语不重要。听话时利用关键词语进行记忆是一条捷径。我们可以根据话题特点,抓住不同的关键词来记忆。听描述性的话题,重点记住有关人、事、景的关键词;听说明性的话题,重点记住有关被说明对象特征的关键词;听议论性的话题,重点记住能够表明说话人的观点和理由的关键词;听集体讨论的话题,重点记住阐述不同的意见的关键词。

3. 借助联想记忆

在听话过程中,我们要积极思考,广泛联想。这样,一方面会使听话的意义、作用更大,另一方面也能帮助我们记忆。可以将需要听记的内容与自己原有的知识、经验联系起来记忆,还可以在听话的同时将话语转换成具体可感的场景来记忆。这些都是强化记忆的行之有效的好方法。

"好记性抵不过烂笔头"。如果条件允许的话,最好的办法当然是能用笔将重要内容或者关键的字、词、句记录下来。

【情境训练】

〖训练题1〗

听故事《晏子使楚》,然后做详细复述。听故事时,注意记住故事框架、主要人物、重要细节和关键词语。

春秋末期,齐国和楚国都是大国。有一回,齐王派大夫晏子出使楚国。楚王依仗着自己国势强盛,想乘机把晏子侮辱一番,显一显楚国的威风。

楚王知道晏子是个矮个儿,就叫人在城门旁边凿了一个五尺来高的洞。晏子到了楚国,楚王叫人把城门关了,让晏子从这个洞钻进去。晏子看了看这个洞,对接待他的人说:"这是个狗洞,不是城门。我到狗国来了,当然就要钻狗洞了。我在这儿等你一会儿。你先去问个明白,楚国到底是个什么国家?"接待的人立刻把晏子的话告诉了楚王。楚王只好大开城门,把他迎进城来。

晏子见了楚王,楚王瞅了他一眼,冷笑一声,说:"难道你们齐国没有人了吗?"晏子说:"这是什么话?我国首都临淄住满了人。大伙儿把袖子一齐举起来,就能连成一片云;大伙儿都甩一把汗,就像下了一阵雨;街上走路的人肩膀擦着肩膀,脚尖儿碰着脚跟儿。大王怎么说齐国没有人呢?"楚王说:"既然有那么多人,那为什么打发你来呢?"晏子装出很为难的样子说:"大王您这个问题,我实在不好回答。撒个谎吧,怕犯欺君之罪;说实话吧,又怕您生气。"楚王说:"我不生气,你就实话实说吧。"晏子拱了拱手说:"敝国有个规矩:访问上等国,就派上等人去;访问下等国呀,就派下等人去。我最不中用,所以派我到你这儿来了。"说完他故意笑了笑,楚王也只好陪着笑。

有一天,楚王安排酒席招待晏子。在人们吃得高兴的时候,有两个武士押着一个囚犯,从堂下走过去。楚王问他们:"那个囚犯犯了什么罪?哪儿的人?"武士回答说:"是个盗贼,齐国人。"楚王笑嘻嘻地跟晏子说:"你们齐国人怎么这样没出息,干这种事儿?"楚国的大臣们听了这话,都得意洋洋地笑了起来,以为晏子这下子可丢脸了。哪知道晏子面不改色,站起来说:"大王怎么不知道哇?淮南的柑橘,又甜又大。可是这种树一种到淮北,就只能结又苦又小的枳,这还不是因为水土不同吗?同样的道理,齐国人在齐国能安居乐业,好好地劳动,一到了楚国,就做起盗贼来了,这也许是因为两国水土不同吧。"楚王听了,只好赔不是,说:"我原来是想取笑大夫,没想到反倒被大夫取笑了。"

从此以后,楚王就再也不敢不尊重晏子了。

〖训练题2〗

仔细听下面这段话,请记住其中的四个数字:

我国西部唐古拉山主峰各拉丹冬峰高6621米,终年积雪,在5400米左右的冰舌,由于受热溶解,冰水一滴一滴离开冰体,形成涓涓细流,慢慢汇成宽2米、深0.3米的沱沱河,最终发展成东方巨流——长江。

〖训练题3〗

听议论文《谈逆境出人才》,并尽量用原文中的关键词语回答后面的问题:

所谓逆境,也就是不顺利的境遇。身处逆境确实是遗憾的事情,因为它会给事业带来困难和阻力,给人们带来苦恼和不幸。但是逆境有两重性,在一定的条件下,它也可以磨练意志,砥砺品格,使人发愤图强。在这种意义上说,逆境是成功的"产婆"。看来,"自古雄才多磨难,从来纨绔少伟男"这句诗不无道理。古今中外身处优越条件而成才的当然不乏其人;但是,在逆境中锻炼成才的,则更是不胜枚举。

法国19世纪著名画家约翰·法朝索阿·米勒年轻时,作品一幅也卖不出去。他陷在贫穷和绝望的深渊里。后来他迁居乡间。在农村,他仍然未能摆脱贫困的厄运。但是,正是这个厄运,使他接近了美丽的大自然和淳朴的农村,他的创作也从此别开生面。此后,他画了许多表现农民劳动和日常生活的画。他的《播种》、《簸谷的人》、《拾落穗》、《倚锄的农夫》等作品,成为美术史上的不朽之作。

我国历史上身处逆境而有卓越建树的人也不少。例如文王被拘禁而写成《周易》;孔子周游列国四处碰壁,回到鲁国后写成《春秋》;屈原遭中伤而被楚怀王放逐,写成了不朽的诗篇《离骚》;鲁国的左丘明双目失明,著有《国语》;战国时的军事家孙膑,因庞涓所妒而被剜去膝盖骨,留下《孙子兵法》;司马迁本人也曾遭受残酷的宫刑,但他忍辱负重,完成了历史巨著《史记》……这些历史人物的传世之作,都是在逆境中诞生的。

青年朋友,当你在学习和工作中遇到困难时,当你在考试中名落孙山时,当你在攻关中几经失败时,当你受到打击和压抑时……总之,在一切不太顺利的境遇中,不要悲观失望、怨天尤人,应该挺直腰杆,争取光明,以那些战胜逆境而获得成功的人为榜样,发愤图强,以坚韧不拔的毅力,朝着选定的目标不懈登攀。

① 文章的中心论点是什么?

② 文中列举了哪些典型事例?

③ 逆境有什么积极作用?作者把逆境比喻成什么?

④ 对身处逆境的青年朋友,作者提出了什么希望?

⑤ 复述文章开头引用的诗句。

⑥ 比较一下听和看的差异,谈谈自己的听记体会。

第四节 整 合

【知识概要】

一、聆听整合的作用

在口语交际中，我们既要学做一位忠实的听众，又要成为一名积极的、主动的参与者。对于听到的信息，不能盲目地全盘接受，我们会根据自己的需要，对信息进行筛选，抛弃那些价值不大的、自己不感兴趣的或者暂时与自己无关的材料，留下那些对自己有价值的内容。对所听到的内容进行筛选、提炼，留下精要之处，或者把不同说话片段的含义加以归纳，并在此基础上建立起自己的观点，这便是整合。整合实际上是对所听到的内容进行消化吸收的过程，是听话过程的最后一个环节。能否有效地吸收和消化听到的信息，这取决于个人的知识和能力结构，涉及到思想觉悟、生活经历、文化素质等诸多因素，所以，要培养良好的听话能力，还要在这些方面下工夫。

二、聆听整合的基本要求

1. 整合需要分析

感知是接受信息的过程，整合则是把传递到大脑的信息进行“加工”，对接收到的信息由表及里地加以分析研究，去伪存真，去粗取精。听话者要通过分析，弄清楚哪些信息是有用的，哪些信息是多余的；哪些信息是主要的，哪些信息是次要的；哪些信息是真实的，哪些信息是虚假的。

2. 整合还需要概括

听话者需要花一定的时间去回忆听到的全部内容，然后根据自己的理解整理出内容的要点。在这一过程中，一方面要求听话者有很强的理解力、概括力，另一方面还要求有高度的敏感性。尽管讲话内容有长有短，但都需要理清层次，抓住要点，得出结论。听群体讨论，要能够概括出争论的焦点，迅速归纳出争论各方的意见。

【示例评析】

（示例 1）

下面五句话中只有一句没有歧义。连续听完这五句话，指出有歧义的句子，并分析可以有哪几种理解：

（1）5 加 4 乘以 6 减 3 等于多少？

（2）小徐正在照相。

（3）小刘到门诊部去看病。

（4）我和张先生做生意。

（5）我邀赵玲去商场买东西。

〖评析〗

上面五句话中，除第（5）句外，其他四句都有歧义。

第①句话若停顿不同，就可以有下面四种理解：

$5+4\times6-3=?$　　　$(5+4)\times(6-3)=?$

$5+4\times(6-3)=?$　　$(5+4)\times6-3=?$

第(2)、(3)、(4)句话因为没有具体的语言环境，所以产生了歧义：

第(2)句话中的小徐是在给人拍照还是被人拍照？摄影师或顾客的身份不确定。

第(3)句话的歧义还是在于人物身份无法确定：小刘是病人还是医生？

第(4)句话中的“我”和“张先生”是合伙人还是买卖双方？人物关系不明确。

(示例2)

下面一则短文后附有六句概括短文中心的话，其中只有一句是概括得最恰当的：

社会存在决定社会意识，这是历史唯物主义的一个基本的原理。但是，在这个前提下，马克思主义者也充分承认社会意识对社会存在的反作用。特别是当社会发展到即将发生激烈变革的关键时刻，旧思想的枷锁严重地阻碍着人们的觉醒和斗争，在这种情况下，思想解放就成为社会政治革命的前导，成为推动历史前进的强大力量。

① 阐述了社会存在和社会意识的关系。

② 指出了旧思想阻碍人们的觉悟和斗争。

③ 思想解放是推动历史前进的强大动力。

④ 不承认社会意识对社会存在的反作用就不是马克思主义者。

⑤ 强调了在一定情况下，思想解放对社会政治革命和推动历史前进的重要作用。

⑥ 这段话阐述了历史唯物主义和历史唯心主义的根本区别。

〖评析〗

这段话的中心句是“在这个前提下，马克思主义者也充分承认社会意识对社会存在的反作用”，这是从社会意识对于社会存在的反作用的角度谈两者的关系，所以对这段话概括得最恰当的应该是第①句。“特别是当社会发展到即将发生激烈变革的关键时刻，旧思想的枷锁严重地阻碍着人们的觉醒和斗争，在这种情况下，思想解放就成为社会政治革命的前导，成为推动历史前进的强大力量”是在提出观点后运用典型事例加以论证，所以第②、③、⑤句概括是不准确的。短文只就社会意识对于社会存在的反作用进行了讨论，所以第④、⑥两句概括也是不准确的。

【情境训练】

〖训练题1〗

认真听下面一段话，然后回答问题：

有人说，自然科学本身是有阶级性的。这完全是一种胡说。自然科学研究的对象是自然界，它的理论、观点、学说、定理以及一切法则，都是自然界运动规律和本质联系的反映，因此，就自然科学的本身来说，是没有阶级性的。如果自然科学本身具有阶级性的话，那么，无产阶级和资产阶级关于使用电器的原理、技术就应该截然不同，祖冲之和现代关于圆周率的发现就应该完全两样，显然，这是荒唐的。

① 这段话反驳了哪一个错误观点？

② 这段话的正面论点是什么？

③ 这段话驳斥错误观点时用了哪几种论证方法？

④ 这段话批驳过程分几步？

〖训练题2〗

结合所学专业的职业要求，围绕“口语交际能力对本职业的作用”这个话题，召开一次座谈会。会后整理出与会者的发言要点。

〖训练题3〗

在生活中做有心人，利用听报告、看电视新闻和看人物访谈节目等机会，注意概括说话中心，提炼重要信息，梳理不同观点，并作简要的评价。

第二章　交　谈(一)

【导学提示】

你知道吗？社会交际是人类生存的基本需要，其中人际关系是促进社交关系良性发展的重要因素，而语言又是建立和协调人际关系的重要纽带。无论是现在还是将来，作为社会一分子的你，总免不了要参加一些公务和社交活动，那你就免不了会碰到迎送与接待、感谢与道歉、祝贺与慰问、电话接听与应答等常见社交活动，免不了要与人交谈。那么，你知道在此过程中该如何正确地使用交谈语才算得体呢？美国前哈佛大学校长伊立特曾说：“在造就一个有修养的人的教育中，有一种训练必不可少，那就是优美、高雅的谈吐。”交谈以语言为媒介，是传递信息、交流思想、表达感情、开展工作、建立友谊、增进了解的一种重要形式。在社交活动中，因为不注意交谈的礼仪规范，或用错了一个词，或多说了一句话，或不注意词语的色彩，或选错话题等而导致交往失败或影响人际关系的事，时有发生。那么，究竟该通过怎样的有效训练来提高我们在公务活动和社交场合的交谈能力呢？

首先，要把握常用公务活动和社交场合交谈用语的基本要求，遵从一定的礼仪规范，适时用语，规范用语，掌握常用语言类型；其次，理论联系实际，会赏析、评析范例，大胆开口，加强模拟训练，有效提高公务活动和社交场合交谈能力。

第一节　迎送与接待

【知识概要】

“有朋自远方来，不亦乐乎”。迎送与接待是最常见最基本的社交活动，它们往往是相互关联的社交行为。迎送与接待语使用得恰当与否，有时会直接影响到社交效应的好坏。

“迎送”顾名思义，包括“迎接”和“送别”两方面内容，它们往往是一个社交活动的起始和终结环节。我们应本着真诚与热情的原则，进行动情、礼貌、有效的语言交流，并辅以得体的态势，方可善始善终地完成该交际过程。

接待主要指对宾客迎接与服务的礼仪。接待的种类很多，按性质可分为私人接待、公务接待、服务接待、外事接待等；按形式可分为亲友来访接待、会议活动接待、参观旅游接待等。无论是何种场合、何种形式的接待，都要注意使用彬彬有礼、谦恭适度、规范得体的接待语言，能使宾客体会到接待者的真诚、友好，给人宾至如归的感觉。

公务活动和社交场合常用的“迎接”语主要有：

对于一般宾客，较为通用的是“早上好！”、“您好！欢迎光临！”

对较为熟悉的宾客可直接说“欢迎！欢迎！见到您很高兴！”

对顾客可说“欢迎惠顾”。

对领导、专家可用“欢迎莅临指导！”

对重要宾客可说“您的到来，使我们倍感荣幸”。

公务活动和社交场合常用的“送别”语有：

再见！

您慢走！

谢谢光临！

欢迎下次光临！

谢谢惠顾！

后会有期！

感谢您的到来！

祝您旅途愉快，一路平安！

公务活动和社交场合常用的“接待”语有：

称呼语

在待客礼仪中，恰当的称呼是尊重他人的表现。

常见的尊称：如“先生（称呼男性）、小姐（称呼未婚女性）、夫人（称呼已婚女性）、女士（称呼婚姻状况不明的女性）、同志”等；

以职位尊称：如“李校长、刘经理”等；

以学位、职称尊称：如“张教授、王博士”等；

以职业尊称：如“赵老师、金律师”等。

征询语

在接待过程中，了解宾客的要求是不可避免的，直截了当的征询语如“你想干什么？”定会引起宾客的反感。得当的“征询语”为：

请问，您办理什么业务？

请问，我能为您做些什么？

有什么需要帮忙的吗？

有什么可以为您效劳的吗？

您需要什么帮助吗？我将竭诚为您服务！

应答语

当宾客提出服务要求时，接待者应及时应答，常用的应答语有：

好，知道了。

马上就来，先生（夫人）！

请稍等，一会儿就来。

愿意竭诚为您服务。

能为您服务很高兴。

当宾客向您表达感谢之情时，也应及时应答：

请不必客气！

没关系，这是我应该做的！

应变语

在接待过程中，我们可能会面对形形色色的人，可能要应对各种各样的服务要求。一般来讲，我们不能直接用“不、不可能、做不到、没有”等否定语简单回答客人的要求，而多采用“是的……然而……”的句式，本着有礼、有节的原则，用委婉、含蓄的语言来拒绝客人的一些不恰当的要求，用幽默、机智的语言来扭转一些令人尴尬的突发场面。

【示例评析】

（示例 1）

小林在书城花了很长时间挑选了几本心爱的书籍，兴高采烈地到收银台结账时，发现银行卡没有反应，无法刷卡。小林又没带现金，感到很沮丧，马上到银行询问工作人员原委。

银行职员：您好！有什么需要帮忙吗？

小林：我的银行卡不能刷了，我辛辛苦苦挑了几本书也没买成，是不是你们银行的卡有问题？

银行职员：别着急，请稍等！把您的卡给我，我来帮您验验，看看是什么问题。（验卡）是您的卡磁条受损了。

小林：怎么会出现这种情况呢？

银行职员：其实，这是一种常见的情况，我们平时如果不注意的话，会把手机之类的物品和银行卡放在一起，卡就容易被消磁了。

小林：是啊！我就经常把它们放在一起，那怎么办呢？

银行职员：不用着急，重写磁条就行了。

小林：怎么办理呢？

银行职员：麻烦你填一张申请书，就可以了。

小林：谢谢。

银行职员：不客气。这是我应该做的。

小林：表格填好了，给您。

银行职员：好的，请稍等。（重写磁条后）好了，请拿好。

小林：谢谢！（转身走）

银行职员：不用谢，请慢走，再见！

〖评析〗

银行职员在对小林的整个接待过程中，很注意礼貌用语。一开始就很主动地使用了迎接语和征询语，体现出良好的服务意识。接下来对顾客的所有问询乃至感谢，都能及时、有礼地应答，最后很得当地使用了送别语，使顾客满意而归。

（示例2）

巧语化解客户怨气

某日，天正下着大雨，一位企业负责人客户，到开户行分理处办理取款业务。由于递交的现金支票上印章模糊，柜员向其解释，要求印章重盖。接过被退回的支票，这位客户非常气恼，一再强调当天必须取到款的重要性，迟迟不肯离去。柜员耐心地对他说："是的，先生，我非常理解您现在的心情，我也替您着急，毕竟是一笔数目不小的业务，耽误不起。但您若还不赶紧回去重新盖章，不是更耽误时间吗？不是要耽误您的大生意了吗？您快去快回，我等您来，马上给您办理。"听了柜员这一席话，客户转身回去重新盖章了。

没过多久，这位客户又回到分理处。客户来到柜台前，似还有怨气，将支票往柜台上一扔，说道："这回行不行？"柜员脸带微笑，接过支票审验后打趣地说："行，这章盖得漂亮多了。"一句俏皮话将客户的怨气打消了。

〖评析〗

这是一个在公务活动中比较成功地使用应变语化解客户怨气的例子。柜员使用"是的……但是……"委婉拒绝句式，"是的"是手段，"但是"才是目的。采用换位思考，先对客户表示理解，拉近心理距离，因势利导，从而既达到拒绝客户不合理要求的目的，又达到让客户满意的目的。

(示例3)

有一次，梁实秋的幼女文蔷自美返台探望父亲，他们便邀请了几位亲友，到"鱼家庄"饭店欢宴。酒菜齐全，惟独白米饭久等不来。经一催二催之后，仍不见白米饭踪影。梁实秋无奈，待服务小姐入室上菜之际，戏问曰："怎么饭还不来，是不是稻子还没收割？"服务小姐微笑着说："不是还没收割，是还没插秧呢！"本是一个不愉快的场面，经服务小姐这一妙答，举座大乐。

〖评析〗

原本服务员碰到的是一个客人心存不满，要进行指责的尴尬场面，面对此情此景，服务员巧妙地顺着梁实秋先生的话题，使用幽默、机智的应变语，化解了这份尴尬。

【模拟训练】

〖训练题1〗

下面各例句中的迎送与接待语，哪些用得好，哪些用得不够恰当？请分组讨论，看看应该怎样说才得当？

(1) 某饭店的迎宾员看到刚刚离开的客人又返身回来了，热情地说："欢迎您回来，先生。"

(2) 某宾馆大堂经理看到有客人进来，忙迎上前去，微笑着说："欢迎，欢迎，遇到您真是三生有幸。"

(3) 某营业员对一位询问她商品价格的顾客说："那不是有标签吗？不会自己看啊！"

(4) 某服务员对几位用餐即将结束的客人说："请问，你们还想要些什么菜吗？"

(5) 某餐厅接待员在送客人出门时说："谢谢光临！请慢走，再见！"

〖训练题2〗

假设你是校学生会的干部,负责一个动漫展览的接待工作。有一天一位同学非要购买一幅不能出售的动漫作品,你打算怎么接待他?请找几个同学和你一起将整个接待过程模拟给其他同学看。注意使用好迎送语及问询语、应答语、应变语等。

〖训练题3〗

请根据你的专业特色,模拟一次服务性接待。诸如旅游专业的同学,模拟接待一位来沪的游客;金融专业的同学,模拟接待一位前来储蓄的顾客;宾馆服务专业的同学,模拟接待一位前来住宿的客人。

第二节 感谢与道歉

【知识概要】

古人云"受点滴之恩,当涌泉相报"。知恩图报,这是一个人良好道德情操的表现。在人际交往中,包括公务活动和社交场合,我们常常会接受到他人的帮助或恩惠,此时应马上向他人表示感谢,使对方感到自我价值的实现,从而产生自豪感。这说明我们懂得尊重他人的劳动,也是我们自身良好素养的体现。只有这样,才有可能得到他人的尊重和认可。一个常常"谢谢"不离口的人,在人际交往中定会左右逢源,受益非浅。

当然,在向他人表达谢意时不能虚情假意,而要真诚、得体。在说"谢谢"时,应当伴有明确的称呼,如"谢谢您,老先生",增强感谢的针对性。如果要谢的是几个人,最好是一一道谢,以显示自己的诚意。有时,伴随"谢谢"应有相应的赞美语和解释性的言辞。

公务活动和社交场合常用的感谢语有:

谢谢,先生(夫人);

非常感谢;

不胜感谢;

感谢之至;

谨向您表示感谢;

谢谢您的光临;

感谢惠顾;

非常感谢您热情的款待;

承蒙您的关心,非常感谢。

古人云"人谁无过,过而能改,善莫大焉"。一个人不可能一辈子不犯错误,关键是用什么态度对待错误。在人际交往中,我们自己的言行难免会给他人带来麻烦和不便,或者在人际交往中我们的言行举止可能有所失礼,此时我们应立即使用道歉语向他人致歉,表达自己的歉意。这是胸襟开阔,勇于承认自身缺点,关心他人感受的表现。真诚、恰当的道歉,可以挽回自己的过失,得到他人的谅解。其实,掌握道歉语本身并非难事,关键是勇于承担责任,适时适度说出道歉语。

公务活动和社交场合常用的道歉语有：

对不起；

请原谅；

很抱歉；

打扰您了；

给您添麻烦了；

请别介意；

实在过意不去；

不好意思。

在运用道歉语时，一是要注意适时，二是要注意适度，真诚致歉。例如："好了，都是我的错，对不起了，行了吧"，这种致歉方式是不可取的。俄国作家契诃夫在《小公务员之死》中描写了一个小公务员因小事向权贵反复道歉，结果引起反感而遭斥责，最后惊吓而死的故事，同样说明道歉语的使用要适度适时。

【示例评析】

（示例1）

王女士被邀请参加一个学术讨论会，由于路上堵车，她比规定的报到时间晚了许多，她匆匆忙忙来到接待处。接待人员正低头写东西。

王女士：您好，同志！我是来参加学术会议的，对不起，我来晚了。

接待员：您好，欢迎您的到来。您需要先填一张表格，不过，很抱歉，表格刚刚用完了，我们有同志去复印了，请您稍等。

王女士：好的。

接待员：您好，表格复印好了，请您填写一下。

王女士：不好意思，我可以用一下您的黑水笔吗？

接待员：当然可以。给您。

王女士：非常感谢！

接待员：不客气。

王女士：打扰一下，请问这里怎么填？（指表格某处）

接待员：没关系，您只要填代码就可以了。

王女士：明白了，谢谢！

接待员：不用谢。

王女士：填好了。给您。

接待员：谢谢！

王女士：您太客气了。请问，1号厅在哪里？

接待员：请跟我来，我带您去。

王女士：真是太感谢了，给您添麻烦了。

接待员：别介意，这是我应该做的。

〖评析〗

俗话说“礼多不怪”。以上示例中，无论是王女士还是接待员，都恰如其分地运用了礼貌用语。特别是当对方给予自己帮助时，都能适时表示感谢；而当自己给对方带来不便时，都能适度地向对方表示道歉，显示了两人良好的素养。

（示例2）

难忘的话语

法国总统戴高乐1960年访问美国时，在尼克松为他举行的宴会上，尼克松夫人费了很大的劲布置了一个美观的鲜花展台：在一张马蹄形的桌子中央，鲜艳夺目的热带鲜花衬托着一个精致的喷泉。精明的戴高乐将军一眼就看出这是女主人为欢迎他而精心设计制作的，不禁脱口称道：“非常感谢女主人花费很多时间，为举行这次正式宴会所进行的这么漂亮、雅致的计划和布置。”尼克松夫人听了，十分高兴。事后，她说：“大多数来访的大人物要么不加注意，要么不屑为此向女主人道谢，而他总是想到和讲到别人。”在以后的岁月中，不论两国发生什么事，尼克松夫人始终对戴高乐将军保持着非常好的印象。

〖评析〗

说一句简单的感谢语，实在不是一件难事，只要用心体味，适时说出来，就会产生意想不到的效果，戴高乐将军正是这样做的。他独到而真心、明确又具体地感谢并赞美了尼克松夫人，使她终生难忘。由此可见，一句简单的感谢他人的话，会带来多么好的反响。

【模拟训练】

〖训练题1〗

分组讨论，下面的感谢语和道歉语分别适用于何种场合。

（1）非常感谢，承蒙您的关照。

（2）谢谢各位赏光！

（3）多谢了！我自己来。

（4）对不起！请多关照。

（5）打扰一下，请问……

（6）很抱歉，您的这个要求我要请示一下公司领导，您看可以吗？

〖训练题2〗

想想在自己的生活经历中，有哪些运用感谢和道歉话语时成功或失败的例子，把它们找出来，和同学一起交流，看是意识问题还是语言表达方面的问题。

〖训练题3〗

假设你到某商场实习，经过你的一番辛勤努力，终于推销出去了一台电脑，你很开心。但由于你的疏忽，当顾客转身离去时，你突然想起，忘了给顾客赠品，你急忙追上去，弥补自己的失误。请和同学一起模拟一下你接待该顾客的全过程，注意使用好感谢语与道歉语。

第三节　祝贺与慰问

一、祝贺

【知识概要】

祝贺,就是向他人道喜。在一些社交场合,当亲朋好友在工作与生活上取得了进展,或是恰逢节日喜庆之时,我们应该及时、真诚地送上热烈且富有感情色彩的吉祥语佳言。俗话说:“赠人玫瑰,留有余香。”向别人表达祝贺语,一方面会使对方的心情更为舒畅,另一方面会让自己的心情变得愉悦,双方的关系更为密切,这不失为情感交流的一种有效方式。

祝贺的方式有很多种,诸如口头祝贺、电话祝贺、书信祝贺、贺卡祝贺等,每种方式都有自己特定的适用范围。在多数情况下,几种方式也可以同时并用。

一般说来,口头祝贺,是社交场合用得最多的一种祝贺方式。口头祝贺,在总体上的礼仪性要求是:简洁、友善、得体。

公务活动和社交场合常用的口头祝贺语有:

恭喜,恭喜;

步步高升;

事业成功;

学习进步;

一帆风顺;

工作顺利;

身体健康;

心情愉快;

生活幸福;

阖家平安;

心想事成;

恭喜发财。

对不同的对象,在不同的时刻、不同的场合,祝贺语的选择应有所不同。在祝贺公司成立、店铺开业时,可用“事业兴旺”、“大展宏图”、“日新月异”、“生意兴隆”、“财源茂盛”等祝贺语。

在祝贺生日时,除了可广泛使用“生日快乐”外,对老人可说“寿比南山,福如东海”,这是老寿星爱听的祝词;对姑娘可说:“祝你一年比一年漂亮”。

如果是参加别人的婚礼,对新人给予新婚祝福,你可以说“天长地久”、“比翼齐飞”、“白头偕老”、“百年好合”、“互敬互爱”、“早生贵子”之类的祝贺语,相信对方听了一定会快乐欣喜。

如果是祝贺别人学业、事业成功,可以说“祝前途无量”、“前程似锦”。

在向他人说祝贺语时,要注意回避一些人的忌讳。比如为即将乘飞机者送行就不可祝他“一路顺风”,因为这不利于飞机飞行。

【示例评析】

(示例1)

相传唐伯虎给一大户人家的老母祝寿,一时兴起,当堂书写祝寿诗:第一句是:“这个老娘不是人”,老母脸面当即变色,正待发作,唐伯虎接着写道:“九天王母下凡尘”。那个老母喜笑颜开。接着写第三句:“儿孙个个都是贼”,儿女们都愤然拍案而起,欲与拳脚相加,唐伯虎不慌不忙地写出最后一句:“偷来蟠桃奉至亲”。儿孙们当即一片欢声笑语。

〖评析〗

唐伯虎的这首祝寿诗流传至今,自有它的妙处。我们抛开先抑后扬、雅俗结合的写作技巧不谈,单说它作为寿宴上的祝贺语,他抓住了听话者的心理,把寿星比作王母,预示着她的长寿;说儿孙是“贼“,实则是赞美他们的孝顺。这样的祝贺语怎不令人开心呢?

(示例2)

各位领导,各位来宾,各界朋友:

今天是××公司一个值得纪念的喜庆日子,我们在这里庆祝××公司隆重开业,值此开业庆典之际,请允许我代表×××对贵公司的开业表示热烈的祝贺,祝公司事业兴旺,财源茂盛;祝员工工作顺心、身体健康。

〖评析〗

这是一段开业典礼上的祝贺词。发言者针对公司和员工不同的对象,分别选择了恰当的祝贺语表达出的祝贺之情。

俗话说“好言一句三冬暖”。如果说适时而得体的祝贺语可以拉近人与人之间的距离,增进人与人之间的友谊的话,那么一句恰当的慰问语,同样也可以将自己的真情、关心,及时地传达给自己的交往对象,像“雪中送炭”一样温暖对方的心灵。

二、慰问

【知识概要】

慰问,顾名思义,包括“安慰”和“问候”两方面含义。根据对象的不同,可分为两类:一是对具有突出贡献的集体或个人表示问候;二是对由于某种原因,暂时遭受困难的个人或集体表示同情和安慰。

慰问语的总体要求是:感情真挚,语言亲切。

公务活动和社交场合常用慰问语有:

听到这个消息我很遗憾(难过)。

对您的遭遇我深表同情。

节哀顺变。

好好休息!

请保重身体。

请放心,有大家帮助您。

近来一切可好?

大家辛苦了!

值此佳节之际,向诸位表示亲切的慰问。

在表达慰问语时,面对安慰对象,首先要表现得“患难与共”。不论是表情、神态,还是动作、语气,都应当显示出你的真诚之心,体贴关心之意。其次,在安慰之后,选择适当的时机,还可给予对方一定的支持与鼓励。

对生活困难者,在询问其具体的困难后,最好给予他力所能及的帮助。同时,鼓励他“生活不相信眼泪”,要鼓起生活的勇气。

对身患重病的人,要多说些鼓励劝慰的话语,如“人吃五谷杂粮,哪有不生病的,现在医学这么发达,只要配合医生,积极治疗,定会康复的,吉人自有天相嘛“;探望身患绝症的人,应用一些成功战胜病魔的例子,增强其康复的信心,用开朗的情绪和幽默的语言减轻他(她)的忧虑、烦闷。有时用善意的谎言掩饰其真实病情,也可减轻病人的心理压力。

对学业或工作不顺者,在安慰他“自古英难多磨难”的同时,还应鼓励他肯定会“柳暗花明又一村”。

对失恋者,主要安慰他(她)是缘分未到,对方不具慧眼。不要过多评价原先的那个她(他),更不要因为好奇,刨根问底。要注意转移话题,并且鼓励他(她)“天涯何处无芳草,前路谁人不识君”。

对于遭受挫折、情绪颓唐之人,理解的语言比怜悯的话更能抚慰其受伤的心,在进行必要的慰问之后,应更多地给予激励,如说人总是要有点精神的。

【示例评析】

(示例)

2005年1月5日,张德广秘书长致电东盟秘书长王景荣,就印度洋地震海啸灾难给东南亚国家带来的巨大人员伤亡和财产损失表示慰问,并对遇难者表示沉痛哀悼。

电文中说,上海合作组织与东盟是相互毗邻的两个友好区域组织。灾难发生后,本组织有关成员国纷纷投入到对受灾地区的国际人道主义救援行动中。为表达我们对灾区人民的一点微薄心意,本秘书处近日开展了自愿捐赠活动,所得款项将通过东盟轮值主席国老挝驻华使馆转交东南亚有关红十字会。张秘书长最后表示,相信勤劳、智慧、勇敢的东南亚各国人民一定能够团结一致,发奋图强,战胜这场自然灾害,重建昔日的美好家园!

〖评析〗

这番慰问辞,先表达了对遭受灾难者的同情和安慰。后根据不同对象选择不同用语,对人员伤亡和财产损失表示“慰问”,对遇难者表示沉痛“哀悼”。在安慰之后,还给予了对方一定的支持与鼓励。

【模拟训练】

〖训练题1〗

分辨下列句子,属于哪种语言类型?适用于什么样的场合?

欢迎光临!祝您一路平安!

谢谢!太感谢了!遇到您真是我三生有幸。

祝您学业有成!祝您一生快乐!

您现在还好吗?您要好好保重身体。

对不起！因为我的错，给您带来这么大的麻烦。

劳驾，请问可以帮我记一下电话号码吗？

很高兴与您相识，希望再有见面的机会。

〖训练题2〗

假设你在某公司实习，该公司提前超额完成了全年的工作指标。新年到来之际，公司经理决定举办庆功宴，你也在被邀请之列。你打算在这个庆功宴上说些什么？

〖训练题3〗

假设明天是刘阳的20岁生日，你和你的四个好朋友一起去参加他的生日聚会。在生日聚会上，刘阳有一个生日留言活动，想一想你和四个好朋友该怎么说。

第四节　电话接听与应答

【知识概要】

随着时代的发展，电话已成为现代主要的通讯工具之一。无论在公务活动还是在社交场合都免不了要进行电话的接听与应答。当客户第一次打电话到某公司时，接电话者朗朗的声音、清晰的吐字、礼貌的语言和得当的措辞，都会给对方留下良好的印象。因为有了电话，打破了空间的限制，使我们的工作效率有了大幅度的提高。但是，如果我们缺乏正确使用电话的常识与素养，不懂得如何正确、得体地接听与应答，那势必会影响处理事务的效率，有损个人及公司的形象。

由于电话沟通，双方彼此“不识庐山真面目”，所以打电话的艺术，沟通的效果，主要体现在语言上。要想有效提高公务电话的工作绩效，应注意以下几点：

一、控制铃响时间

一般情况下，对于公务电话应该在电话铃响三声之内接听。这既是懂礼貌的表现，也体现出一个单位的工作效率。如果某单位的电话总是在铃响很久以后才有人接电话，甚至总是无人接听电话，这只能说明这家单位员工素质不高，工作效率低下。

二、说好起始语

起始语即招呼语，要尽量简洁、亲切。接听电话时，第一声应说“您好”，然后紧接着报上本公司的名称，以及自己所在的部门或姓名。这是一种礼貌的表现。例如：“您好！这里是××公司。请问有什么可以帮助您的？”或者说：“您好，这里是××公司××科，请问您找谁？”

三、规范应答语

如果你接听的是一个找人电话，正好对方要找的人在，你可说：“请稍等，我帮您叫”；如果对方要找的人不在，你应该这样回答：“对不起，××暂时不在，有什么要转达吗？或您方便的话请留下电话号码，我帮您转告。”如果你接听的是一个咨询电话，应答时要尽量注意使用专业、规范的语言,给对方一个满意答复。如果遇到自己当时不能马上解答的问题,不能直截了当说:“我不知道。”而可以说:“很抱歉,这个我现在还不能马上答复您,我会请示领导,尽快给您答复。您可以留下您的电话号码吗?”当客户表述不清时,我们有必要在适当的时候向客户提出类似“您能把型号再说一遍吗”之类的问题,但不要说“您刚才说的到底是什么?”同时,为了避免你在倾听过程中的误会,你也可以提出这样的问题:“如果我没有理解错误的话,您的意思是……对么?”为了拉近你和客户之间的距离,你还可以适当表示你对客户的认同感,使客户获得受尊重感,你可以说“我非常理解您现在的感受”,或者“我明白了”。千万不要否定客户,即使你不同意客户的观点也不能说:“您的说法完全不对!”而可以说:“至于这个问题,我们以后再探讨。”

四、倾听要耐心

在接听客户电话的时候,我们要成为忠实的听众,耐心倾听。但也不能默不作声,应在倾听的过程中适时地给予客户回应,比如我们可以不时使用“嗯”、“对”、“是吗?”、“好的”或者“请继续”等词语,表明我们很关注他(她)的话语。

五、控制语气、语调

公务电话,不仅要特别注意使用好“十字”礼貌用语:“您好”、“请”、“谢谢”、“对不起”、“再见”,还要注意接听、应答电话时的语气语调。如果人家来电咨询某事,你粗声粗气地说:“不知道!”随即“啪”的一声将电话挂掉,这肯定会给人一种缺少教养、没有礼貌的感觉。一般来说,接听、应答公务电话的语气应适中,语调稍稍偏高,尾音稍向后拖,这样会给客户一种亲切、热情之感。

另外,接听、应答电话时应尽量保持良好的坐姿,并且保持微笑,这样可以使声音保持良好的状态。美国电话电报公司要求话务员使用“带微笑的声音”,因为这样话筒会帮助你传达你的亲切。

常用公务电话接听、应答语

您好！欢迎致电××银行,请问有什么可以为您服务的?

您好！这里是××服务热线,××号为您服务。

您好！工号××竭诚为您服务,请讲。

对不起,让您久等了。

您能把详细的情况告诉我吗?

如果我没有理解错误的话,您的意思是……,对吗?

您看这样可以吗……

不好意思,麻烦您大声讲好吗?

请问还有什么可以帮您的吗?

感谢您的来电,再见!

【示例评析】

(示例1)

甲：您好！这里是东海大厦，请讲！

乙：您好！请问王经理在吗？

甲：请稍等，我帮您看看。

乙：好的，谢谢！

甲：对不起，他不在。您有什么话要我转达吗？

乙：麻烦您……

〖评析〗

在这一段简短的公务电话交谈中，我们不难看出接听电话者十分注意礼貌、规范的电话用语。虽很简洁，但很得体。对方要找的人不在，主动要求转达相关信息，表现出应有的礼貌、热情。

（示例2）

××书城总台的电话铃响到第二声，服务员接听了电话。

书城服务员：您好！这里是××书城，很高兴为您服务，请讲！

顾客小丽：我想买一本××出版社出版的《实用口语训练》的书，请问书城有吗？

书城服务员：请稍等！我帮您查一下。

顾客小丽：好的。

书城服务员：对不起，这本书已经卖完了。

顾客小丽：那怎么办？我要急用。你们什么时候再进这本书？

书城服务员：您先别急，估计过两三天就会到货。如果您愿意的话请留下您的电话号码，货一到，我们马上电话通知您。

顾客小丽：真是太谢谢您了，您的服务态度真好。

书城服务员：不客气，这是我们应该做的。

顾客小丽：再见！

书城服务员：再见！

〖评析〗

书城服务员在电话铃响第二声时就接听了电话，表现出良好的工作效率。服务员在接听电话后首先是“您好”开头，“请”字在中，“再见”结尾。问好后没有忘记报自己单位，当不能满足顾客的需求时没有忘记向对方致歉，同时还主动记下了对方电话号码，表现出良好的素质，整个接听与应答语言得体、规范。

（示例3）

（1）一次未成功的电话交谈：

物业：（电话铃响过六七声后）喂，哪位？

业主：我是88号2楼的住户，我家水管漏水了，你们赶快来看一下。

物业：现在？现在不行啊，维修的人都出去了。

业主：那怎么办啊？

物业：这我也没办法。等人回来了再说吧！

业主：你们这是什么服务态度。

物业：这服务态度怎么啦？有意见，告去。

业主：你……

（2）一次成功的电话交谈：

物业：（电话铃响后）喂，你好，这里是宏城物业，请讲！

业主：你好！我是88号2楼的住户，我家水管漏水了，麻烦你们赶快来看一下。

物业：哎呀，真对不起，太不巧了，维修的人都出去了。

业主：那怎么办啊？

物业：别急，请稍等一会，我马上帮你联系。

业主：师傅，得快点呀！

物业：好的，我们会尽快过来的。

业主：谢谢！谢谢！

物业：不客气。

〔评析〕

比较两段电话交谈的效果，第一段电话交谈失败的主要原因是物业接听语使用不当。既不注意礼貌用语，又缺乏服务意识，语言生硬，很不中听。而从第二段电话交谈中可以看出物业很注重礼貌用语，且急业主所急，虽同样是维修人员不能及时赶到，但承诺马上联系，尽快赶到，使业主安心许多。

【模拟训练】

〔训练题1〕

假设你是某单位的实习生，请两人一组，进行模拟电话找人训练。先模拟被找人在的情况，再模拟被找人不在的情况。

〔训练题2〕

飞亚商厦业务员给丽达服装公司经理打电话准备洽谈一批服装的进货事宜，偏巧经理不在。你作为经理办公室秘书，准备怎样进行电话接待？

〔训练题3〕

假设你是上海银行的一名实习生。有一天，一位姓王的阿姨想办理一张银行卡，特意打电话到银行服务热线咨询，正好是你当班，接听了这个电话。请你找其他同学和你配合一下，把这个电话交谈过程模拟给大家听。

第三章　交　谈(二)

【导学提示】

交谈是人际交往中最直接、最广泛、最简便的言语交际方式。在人们日常生活中,免不了要通过交谈来交流思想、联络感情、互通信息、商讨事务,从而增进人际和谐。交谈的方式有多种,但成功的交谈,都需要了解交谈对象、把握交谈的时机和语境;成功的交谈,除了要掌握语言表达技巧外,还需要注意交谈时的体态和语调。说话人人都会,但要做到恰如其分、巧妙得体并不容易,因为它涉及到人的思想、才智、表达等多方面的素养。所以,学会与人交谈,还需要从多方学习、积累、训练,从而使交谈口才得到提高。

第一节　寒暄与聊天

一、寒暄

【知识概要】

(一)寒暄的作用

寒暄是人们见面时谈论天气冷暖、生活琐事之类的应酬话,是人们进行交谈的开场白。寒暄的主要作用是拉近人与人之间的距离,沟通双方感情,保持良好的社会关系,寻找双方共同的关心点,营造和谐自然的交谈气氛,使交流沟通变得更加顺畅。人们在社会交往中一般都有一种"亲和需求",因此在谈正题前,常常会先闲聊几句,使对方的亲和需求得到满足,从而促使双方相互认同,感情得以沟通,建立轻松、愉快、融洽的交谈环境。

(二)寒暄的主要方式

寒暄的形式很多,常用的方式有四种:

1. 问候式

问候式是最常见的一种,多由问候语组成。"你好"是最标准、最常用的问候语。遇到熟人,可以询问其近况,如"忙吗"、"身体还好吗";与陌生人初识,使用这类寒暄显得既亲切又得体。

2. 夸赞式

人都需要肯定与承认,诚心的赞美是一种恰当的寒暄方式。如:"您气色不错","您这身衣裳真漂亮",短短的话语,能使对方心情舒畅,愉快地进入交谈主题。

3. 描述式

描述式寒暄是由具体的交谈场景触景生情,临时产生的对话。两人见面后,一方以友好的语言方式描述对方正在做的事情,如“还在用功啊”、“你们家布置得真舒适”、“回来了”、“上班去呀”。这类寒暄较随便、自然而得体,容易引起下文,常常是下面话题的源头。

4. 言他式

见面时说些社会新闻、热门话题,谈论双方感兴趣或不厌恶的事,如:“今天太热了!”“今天的风真大!”“车太挤了!”“昨天的 NBA 球赛转播您看了吗? 太精彩了!”这种方式最适合初次见面的人,既不像问候式那么亲切,又不像赞美式那么热情,而是比较客观、冷静。

(三) 寒暄的技巧

寒暄要讲究方式方法,否则会遭遇“话不投机半句多”的尴尬。

1. 注意礼节

(1) 态度诚恳真诚。寒暄虽然只是一种交际需要的客套应酬,但仍然需要真心实意,不要敷衍了事地打哈哈。赞扬对方要发自内心,切合实际,不要夸大其辞,也不可虚情假意。语气要亲切自然,说话时要面带微笑并且目光专注。切忌逢场作戏、阿谀逢迎。

(2)用语客气礼貌。寒暄应带有友好之意,敬重之心。无论生人、熟人,都不可以戏弄对方,或者不分场合、不分对象地乱开玩笑。熟人之间寒暄,也应注意长幼之分,男女之别。寒暄最好不要牵涉个人私生活和个人禁忌。例如,一见面就问人家“跟朋友吹了没有”、“现在还在吃药吗”,这都会令对方反感至极。

2. 把握分寸

(1) 尊重对方隐私。问候语具有非常鲜明的民俗性、地域性特征。中国人爱问别人“吃了吗”、“您在忙什么”、“上哪儿去”,这是中国人约定俗成的问候语,是不必“实答”的“虚问”,类似于西方人说“您好”。但若以此问候外国人,常被误解为“要请我吃饭”、“讽刺我不能自食其力”、“多管闲事”、“没话找话”,或被视为有意探听他人隐私。为了避免误解,对不太熟悉的人,一般用“您好”、“忙吗”等作为问候语。

(2) 留意对方反应。无论生人、朋友,寒暄时都要注意观察对方的反映,不能自说自话。当无意涉及到了对方敏感的话题,对方有回避之意时,应该立刻转换话题。当对方行色匆匆时,千万不能说个没完,应该马上主动道别。

(3) 把握寒暄时间。与生人初次见面的寒暄,一般需要有三个问答往复的过程。熟人之间的寒暄,如常见面,往往只需一句话,一个招呼,甚至一个眼神,一个微笑,一个手势;如久不见面,则也需要三个问答往复。寒暄要热情主动,但一定要有“度”。如果喋喋不休,不但不能给人好感,反而让人生厌。

(4) 注意寒暄场合。在公众场合隔着老远就地大呼小叫,是一种旁若无人的无礼行为。在一些较为正式的场合,言谈手止更要谨慎庄重。

3. 讲究策略

(1) 表达友好和关心。向交谈对象表示自己乐于结交的诚心,表达对对方的关心或敬意。问话时,要选择对方感兴趣的、可以使对方感到骄傲的话题。交谈时,要细心观察对方的精神和身体状态,适度表达自己的关心。在被介绍给他人之后,应当热情地跟对方寒暄。若只向他点点头,或是只握一下手,通常会被理解为不想与之深谈,不愿与之结交。建立了友好关系,进入正题就会顺利一些。

(2) 获得所需信息。要善于从寒暄的话语和细节中发现与正题有关的信息,为正式话题做铺垫。例如,在商务活动中,作为东道主,与客商进行商务谈判前,可先就本地的气候、文化、风土人情等内容进行交流,借以了解对方的兴趣爱好,以便合理安排客商活动,促进谈判向有利的方向进行。

(3) 为融洽相处创造条件。寒暄时要保持积极的态度。在与别人相遇的瞬间,要迅速培养愉快情绪,争取主动,使对方从你的言行举止中得到受人重视的心理满足,产生继续交谈下去的强烈愿望。当我们需要得到陌生人的帮助或合作时,应该想办法让对方放松紧张的心情,消除戒备心理,赢得对方的信赖,从而达到更深层次的沟通。

4. 善于选择话题

(1) 选择适合语境的话题。寒暄的内容非常广泛,没有固定的话题,也不一定有实质性内容,贵在适合语境,能灵活应对。我们可以从生疏程度、年龄、性别三个主要因素出发选择话题。

与熟人寒暄,话题可以涉及彼此的生活、工作、学业、健康等。与生人寒暄,话题不宜深入涉及个人情况,一般应选择与场景相关的话题,头 4 分钟,只宜作一般性的寒暄,如问候,互通姓名,谈论一些无关紧要的话题。对不熟悉的人不要问他的收入状况,应绝对避免容易引起争论的话题。

同辈人之间,话题宜轻松随意,不必过度拘泥。晚辈与长辈寒暄,在措辞、语气、态度方面均应注意有礼、得体,处处体现对长辈的尊重。

女性之间,可以谈着装美容经验、当家育儿心得;男性之间,则宜选择经济政治时事、体坛消息、事业进展等话题。异性之间,可以从电影、旅游、教育等问题开始攀谈。对年轻女性,一般不要问年龄和婚姻状况。

(2) 力求做到“新”、“美”、“巧”。现代社会,社交频繁,人们对寒暄的内容有了更高的追求。更新见面语,已成为人们社交中不可忽视的问题。人们总是力求用“新”、“美”、“巧”的寒暄语,让人一见面就感受一种鼓舞,或接受一种美的享受。寒暄语应当不落俗套,应尽量避免那些程式化的虚伪客套。例如,两人初次见面,一个说:“久闻大名,如雷贯耳”、“今日得见,三生有幸”,另一个则道:“岂敢,岂敢!”像这样故作高雅装斯文,充满迂腐味的寒暄客套,就显得比较虚伪,对交流感情无多大益处。

【示例评析】

(示例 1)

1984 年 5 月,美国总统里根访问上海复旦大学。在与大学生座谈时,由于双方在地位、语言等方面的差别,座谈会一开始便出现了双方不知从何谈起的局面。这时,里根说:“其实,我和你们学校有着密切的联系,谢希德校长同我的夫人南希是美国史密斯学院的校友,照此看来,我和各位自然也就是朋友了!”话音刚落,全场响起热烈的掌声,座谈气氛顿时融洽起来。

〖评析〗

里根总统之所以能在短时间内打破尴尬局面,是因为他采用了从与会者身上寻找共同点的方法。找到了共同点,双方就建立起了认同感,相互间的距离缩小了,关系也就自然融洽了。

(示例2)

比较下面两段熟人间的寒暄：

设计一：

甲：你好！好久没见了。

乙：是啊！忙吗？

甲：杂事挺多的。你呢？

乙：也是东跑西颠的。去哪儿？

甲：单位有点事。你也出去吗？

乙：去书店看看。再见！

甲：再见！

设计二：

甲：你好！

乙：你好。

甲：忙吗？

乙：忙。

甲：去哪儿？

乙：书店。

甲：再见。

乙：再见。

〖评析〗

人际交往中有这样一条规律:一方表示的积极行为会引起另一方的积极响应,一方表示的消极态度会引起另一方相应的消极态度;如果一方表示了积极的态度后另一方报以消极态度,双方的平衡就会被破坏。同是熟人之间的寒暄,设计一中,双方的寒暄是主动积极的,甲方热情问好,乙方积极回应,双方高高兴兴相遇,开开心心告别;设计二中的乙方消极被动地应付谈话,使得甲方的热情遭遇冷落,甲方因问候没有得到积极回应,不得不主动结束寒暄。显然,设计一更有助于维系良好的人际关系,设计二则会破坏人际关系。

【情境训练】

〖训练题1〗

下面两段寒暄语,哪一段更好？为什么？

(1)“伯伯,您年轻的时候可能常和阿姨一起看电影吧！我想感觉肯定很浪漫吧！星期六公司组织顾客看老电影,您和阿姨一起过来吧！再让您和阿姨重温一下当年你们看电影的浪漫！”

(2)“伯伯,公司组织所有的老顾客看电影,您和阿姨一起来吧！”

〖训练题2〗

阅读下面材料,帮助服务生分析错在哪儿：

有一位服务生,将几位客人迎进饭店后,上茶、送毛巾、上菜单、上菜,给客人斟茶时,一句话也不说，只顾默默地做事。当客人正在专心交谈时，突然端上一盘茶，不但让客人吓了一跳，而且还碰到了客人交谈时挥舞着的手，茶被打翻了，洒了客人一身，弄得客人十分尴尬。

二、聊天

【知识概要】

（一）聊天的特点

聊天又叫闲谈，民间俗称“侃大山”、“摆龙门阵”、“谈山海经”，一般是指事先没有明确目标的即兴式交谈。聊天是最常见的交谈形式。寒暄是聊天的第一步，聊天是继寒暄之后更深层次的谈话。

聊天具有很大的随意性和不确定性，属于自由度较大的“意识流”式的发言。正因为如此，参与者可以把自己的所见、所闻、所想、所感毫无拘束地“聊”出来，聊天的场所往往呈现出谈笑风生、热闹非凡的景象。聊天是人们调整生活节奏、放松紧张心情的休闲方式，它已成为人们加强联系、传播和获取信息的重要途径之一。

聊天这种交谈形式具有以下特点：

1. 轻松愉快，畅所欲言

聊天的气氛一般是融洽、和谐的，参与者之间地位相对平等。大家相互信任，相互启发，畅所欲言。如果交谈时唇枪舌剑，盛气凌人，那是绝对“聊”不起来的。

2. 形式不拘，灵活多样

聊天不需要正式邀请，大家自愿凑在一起便可聊起来。人数、时间没有限定，发言不分先后，想说就说，想停就停，来去自由。场地也无特殊要求，火车上、宿舍里、河边、公园、茶馆，都是聊天的场所。

3. 话题丰富，内容广泛

聊天的话题丰富多彩。一般情况下，聊天并无事先确定的内容，也无须就某个问题得出结论或达成协议。因此，参与者的发言常常是即兴的，具有很大的随意性。凡是听到的、看到的、想到的都可以聊，生活、学习、工作，过去、现在、未来，天南地北、古今中外，时政要闻、家庭琐事，无所不谈，

（二）聊天的技巧

清人敦诚将聊天分为“上乘、中乘、下乘、最下乘”四个等级，可见聊天质量也有高低之分。高水平的聊天一定是高尚的、愉快的，而且能“聊”出效果。能否达到这个水平，关键在于参与者的聊天技巧。

1. 寻找话题的技巧

“酒逢知己千杯少，话不投机半句多。”几个人在一起聊天，如果谁都感到无话可说，那是索然无味的。此时，如有善于寻找话题的人加入进来，便可打破尴尬局面，活跃交谈气氛。寻找话题可以从以下两个方面入手：

（1）寻找共同话题，激发彼此兴趣。寻找共同话题，是为了建立彼此的认同心理，使大家在语言、心理、感情、兴趣等方面接近和趋同。要使聊天令人兴趣盎然，就要找到各方都比

较感兴趣的话题,不能单从自己的兴趣出发。日常生活中,人们的心理特征、脾气秉性、语言习惯会有差异,聊天的话题应该因人而异,随机应变。同行可谈谈业务上的问题,同事可聊聊单位情况,老同学可以一起回忆同窗共读的情景。与人初次见面,为使彼此融洽交谈,可以询问对方的出生地、曾就读的学校、兴趣爱好、近期所从事的工作,从中发现共同点。从共同点找话题,引发亲近感,说话才投机,才越"聊"越对劲。

(2) 临场发挥,就地取材。聊天场所的任何物件都可作为话题,关键是要善于发现。比如:家里的装饰摆设、书籍,一档电视节目,一个热门话题……只要有心,身边的许多事物都能成为切入正题的话头,这样开头,往往会聊得更加轻松自在。

2. 控制话题的技巧

(1) 因势利导,自然过渡。聊天往往不是自始至终谈论一个话题,随着参与者兴趣点的变化,话题也会经常变换。善于调节话题的人,能敏感地意识到某个内容能否继续下去,并能在适当的时机,用适当的语言进行转换,从而掌握谈话进程,控制谈话方向。

有三种类型的话题需要及时调整:乏味的话题,庸俗的话题,影响大家关系的话题。

调节话题的技巧有很多,可以用提问的方式,也可以用暗示的方式,还可以采用单刀直入的方式。但不管采用哪种方式,都要因势利导,见机行事,自然过渡。要做到这一点,把握转换时机很重要。当大家对一个话题兴趣正浓时,不应立即转换,否则会破坏大家情绪,影响聊天气氛。

(2) 听、说兼顾,相互交流。聊天以相互交流为主要目的,说与听须相互兼顾。参加聊天的人应该自始至终扮演听者和说者的双重角色。聊天是一项多边活动,不是"单口相声",不是一个人作报告,应该围绕共同的话题,人人各抒己见,这样才能使话题聊得透彻,聊出水平。有些人喜欢以自我为中心,只要一介入,便滔滔不绝,独霸发言权,这样往往得不到别人的合作或回应。只有让每个人畅所欲言,才能使彼此都有收获,得到愉悦和满足,聊天也才有情趣。

3. 创造文明和谐气氛的技巧

(1) 友善礼貌,避免争执。轻松愉快的氛围是聊天的突出特点。无论出于什么目的聊天,在态度上都要友善礼貌,宽容谦让。亲切的话语、友善的微笑、关注的目光,都能够调动对方交谈的积极性,从而创造良好的交谈氛围。

聊天时应回避容易引起争执的话题,即使见解有分歧,也不要把自己的观点强加于人,抬高自己,贬低别人,更不可有失礼节,讽刺挖苦,恶语中伤。有些人聊天时好"抬杠",遇到这种情况,应一笑了之,或及时转换话题,以免造成不愉快。聊天时的体态语也有讲究。与熟人聊天,坐姿、站姿虽然可以随意放松一些,但也要避免容易引起对方逆反心理的傲慢轻率的体态,否则谈话一开始就可能陷入僵局。

(2) 诙谐幽默,寓庄于谐。工作之余,大家都希望在一起轻松轻松地聊一聊,消除疲劳,沟通感情。但如果有人一本正经,或者拿腔拿调,甚至高高在上、盛气凌人,那将非常乏味。与比自己弱势的人交谈,更要谦虚平易,以诚相待。参与聊天的人应该学会使用幽默风趣的语言,创造轻松愉快的交流气氛。

(3) 内容健康,避免粗俗。聊天有文野之分,高低之别。聊天应做到谈吐文明,内容健康，让人们从聊天中受益。聊天不应成为传播小道消息、搬弄是非、诽谤他人的渠道，聊天更不应涉及荒诞不经、耸人听闻或黄色下流的内容。聊天要注意选择对象，只有和志趣高雅的人在一起，才能从聊天中受益。

【示例评析】

（示例1）

美国耶鲁大学文学教授威廉·费尔普讲过幼年时的一件事。他说，8岁那年，有一天到姨妈家去，有一个中年人到姨妈家来，那人和姨妈寒暄一阵以后，就把注意力集中到他身上。那时他正对帆船入迷，这客人就劲头十足地跟他讨论起帆船来。他十分高兴，客人走后还有点恋恋不舍。可姨妈说，他是个律师，才不会对帆船感兴趣。费尔普十分诧异，说："那他怎么会和我聊得那么起劲呢？"姨妈告诉他："因为你对帆船有兴趣，他就说一些使你高兴的事。他这样做是为了使自己受到欢迎。"

〖评析〗

到姨妈家来做客的这位律师是一个善于运用聊天技巧的人。他首先从寻找共同话题入手，得到了小费尔普的心理认同，从而激发起小费尔普的聊天兴趣，他们共同度过了一段愉快的时光。

（示例2）

一位教师去家访，本意是要告诫学生家长关心孩子的学习。但她没有直接表述，而是对家长说："你的儿子将来必定大有作为。"家长听了这话，心里十分高兴。她接着说："你的儿子成绩考差了，不敢把考卷拿给家长签字，便摹仿家长的笔迹自己签字。上课时，手在书桌下面搞小动作，但面部表情似认真听课。这种才能不是每个孩子都有的，这反映出你儿子聪明。如果引导得当，将来必成大器。"

〖评析〗

为了创造愉快的谈话气氛，这位教师家访时并未直接"告状"，而是巧妙委婉地讲述了学生的在校表现，在笑谈中提醒家长多关心孩子的学习情况。教师由于巧妙地使用了婉言表意法，使家访在轻松愉快的闲聊中达到了目的。

【情境训练】

〖训练题1〗

阅读下面一则故事，想一想著名播音员赵忠祥的采访为什么会成功。

中央电视台的著名播音员赵忠祥有一次到北京的一家精神病医院采访，采访对象是一位女教师。原来准备的采访提问是："您是什么时候得的精神病啊？"但赵忠祥在开始同女患者交谈时，觉得这样问太刺激人，便改为这样发问："您在医院住，住院前觉得怎么不好呢？"这种委婉、和蔼的发问，使女患者感到对方可亲可信，在回答问题后，她说："最近，我就要出院了，我非常想念我的学生，真想快一点治好病，为教育孩子贡献我一份力量。"

〖训练题2〗

分析下面故事中的匈牙利作家为什么会陷入尴尬局面：

美国近代有名的女作家玛格利特契尔，有一次被邀请去参加世界笔会。有位匈牙利作家坐在她的旁边，却不知这位衣着朴素、态度谦虚的女士是谁，因而他以一种居高临下的态

度,同玛格利特契尔进行了这样一段谈话:

“小姐,你是职业作家吗?”

“是的,先生!”

“那么,有些什么大作,可否见告一二部?”

“谈不上什么大作,我只是偶尔写写小说而已。”

“噢,你也写小说。那么,我们可以算是真正的同行了。我已经出版了39本小说,你写过多少部呢?小姐!”

“我只写过一部,它的名字叫《飘》。”

话音未落,这位匈牙利作家已目瞪口呆了!

〖训练题3〗

鲁迅先生的小说《祝福》中的祥林嫂,见人便说自己的儿子阿毛被狼吃掉的事。开始别人听了都深表同情,后来说的次数多了,人们一见她都离得远远的。请从聊天技巧的角度对祥林嫂的遭遇进行分析。

第二节　赞美与批评

一、赞美

【知识概要】

(一)赞美的作用

赞美,是对优点、成绩进行肯定性评价的口语形式。赞美如阳光,人人不可少。爱听赞美是正常的心理需求,决不是虚荣心的表现。爱听赞美是人们出于自尊的需要,是渴求上进,寻求理解和支持的表现。在社交中,适时给予对方真诚的赞扬,会使他感到喜悦、兴奋,从而与你亲近、交好。可见,赞美有助于增进友谊,是改善人际关系的好方法。经常听到真诚的赞美,明白自身的价值得到社会肯定,有助于增强人的自尊心和自信心。父母经常赞美孩子,家庭气氛和睦、欢乐,孩子的心理发展会更加健康;领导经常赞美下级,员工的积极性会不断被调动,创造力不断被激发。给人以真诚的赞美,体现了对人的尊重、期望与信任。

(二)赞美的技巧

赞美是一件好事,但绝不是一件易事。赞美别人时如不掌握一定的技巧,即使你是真诚的,也可能适得其反。所以,我们有必要掌握以下技巧:

1. 真心实意,符合事实

真诚是赞美的第一要义。赞美之辞贵在真实,赞美的动机必须纯洁,赞美的态度应该诚恳,这样的赞美才能达到感人的目的。当你毫无根据、夸大其辞地赞美别人时,别人不仅会莫名其妙,还会觉得你油腔滑调,随口敷衍,甚至把你的夸赞误解为讽刺挖苦。出于功利目的谄媚与逢迎,只能倒人胃口。言不由衷、人云亦云地说些客套话是虚情假意的表现。

卡耐基说:“赞美和恭维有什么区别呢?很简单,一个是真诚的,一个是不真诚的;一个出自内心,另一个出自牙缝;一个为天下人所欣赏,另一个为天下人所不齿。”因此,赞美时态度要真诚,夸奖要合情合理,切忌陈词滥调、华而不实和虚伪轻浮。

2. 审时度势,适可而止

赞美要送给最需要的人。最有实效的赞美之辞不是锦上添花,而是雪中送炭。最需要赞美的不是那些早已美名远扬的人,而是那些不引人注目、平时难得听到赞扬或身处逆境、有自卑感的人。赞美能唤起他们的自尊和自信,使之振作精神。

赞美应相机行事、适可而止,真正做到"美酒饮到微醉后,好花看到半开时"。不顾分寸地滥用赞辞,只会带来相反的效果。

要使赞美赢得对方的好感,必须在赞美前弄清对方的好恶,以便选择恰当的话语赞美对方。如果在尚未确认对方的好恶时就轻易夸赞,反而会弄巧成拙。

重复司空见惯的夸赞辞,对方会毫不在意。相反,你若能发现蕴藏在对方身上的鲜为人知的优点,会收到更佳的效果。

3. 措词得体,切合语境

赞美要选择最佳的表达方式,注意遣词造句。使用一些平实的语言,会让人觉得亲切、自然。过于夸张的词汇容易使人反感,如"最"、"绝对"等词汇要尽量少用,"久仰大名"、"如雷贯耳"之类缺乏真情实感的、公式化的客套话也要避免。

赞美要考虑到被赞美者的各种因素,包括职业身份、文化程度、性格爱好、处境心情以及与赞美者的熟悉程度等等,因人而异,字斟句酌,否则就会产生不良后果。

赞美异性要含蓄,宜用较抽象的、含有多层意思的话语。措辞不当,常会招致误会,甚至惹人讨厌。夸奖一位姑娘很漂亮,可以说"你的气质很好",这样容易让人接受。

对不同年龄的人,用语要恰如其分。例如夸中年女性有风度,比夸她漂亮显得更真实;夸老人年轻,还不如对他过去的成就表示敬意。

与人初次见面,了解不多,不要轻易夸奖对方的人品和性格,否则,易使对方产生怀疑与戒心。可以对他过去的业绩,或身上的饰物等既成事实做适当的赞美,因为这些事物与彼此交情的深浅毫无关系,对方能够接受。

【示例评析】

(示例1)

甲乙两个猎人外出打猎。第一天各猎得两只野兔回家。甲的妻子见后,冷冷地说:"就打了两只啊?"丈夫听了心里不是滋味。第二天他故意空手回家,让女人知道打猎是不容易的事情。乙遇到的情况恰好相反,他的妻子看见他带回两只野兔,就欢天喜地说:"你竟然打到了两只!"乙听了心里喜悦,"两只算什么",他骄傲地回答他的女人。第二天,他竟打回来四只野兔。

〖评析〗

人得到赞美,其喜悦心情固然无可比拟,但更重要的是赞美所产生的力量更是巨大的,它能够激发人的积极性和创造性,增添人们克服困难、战胜困难的勇气,能使人创造出种种奇迹来。

(示例2)

旅游团的游客中,有一位小姐身体比较胖,男导游赞美道:"小姐,您的身体真健壮!"这位小姐听后很不高兴,反唇相讥道:"谢谢!你的身材真苗条!"

〖评析〗

导游的赞美引起了对方消极的反应,主要是因为措词没有看对象。“健壮”一词的适用对象一般为男性,“苗条”一词的适用对象多为女性。小姐对导游使用“健壮”一词不满意,所以使用“苗条”加以回击。

【情境训练】

〖训练题1〗

说一说材料中的老人为什么不高兴。

一位导游对一位老人说:“老人家,您身体不大好,上下车时请您慢一点。”老人很不高兴,说:“谁说我身体不好啦,我年轻的时候……”

〖训练题2〗

说一说材料中的学生为什么哭了。

有位学生平时学习不用功,还经常翻墙逃学。有一天,他迟到了,便翻墙进校,结果被抓住送到班主任那儿。原来,他翻墙进校是怕被值班老师记迟到,扣班级纪律分。班主任知道后,对全班同学说:“××同学过去翻墙,今天又翻墙,这不是简单地重复错误。过去他是向外翻,是逃避上课;今天他是向内翻,是为了维护班级荣誉,这是很大的进步。”这位同学听了,激动得流下了眼泪。

二、批评

【知识概要】

(一) 批评的作用

批评,是对缺点、错误进行否定性评价的口语形式。批评中含有品评、判断的成分,通过指出思想行为中的问题,给人以影响或鞭策,使之能积极地改善行为。“金无足赤,人无完人”,人们在日常生活和工作中,难免犯错。虽然人们会经常自我反省,但由于“当局者迷,旁观者清”,自身存在的问题常常需要别人帮助指正。俗话说:“打是疼,骂是爱,不管不问要变坏。”虽然其原意指如何教育孩子,推而广之则说明了批评、监督、鞭策也是一种关怀、爱护。对人提出批评,容易伤和气,但为了对对方负责、对工作负责,我们不可能回避。

(二) 批评的技巧

“良药苦口利于病,忠言逆耳利于行。”这句话经常被用来告诫人们要虚心接受批评,要理解别人的良苦用心,不要计较批评的方法。但是,作为批评者也应该想办法让批评为被批评者所接受,做到“忠言不逆耳”。批评也要讲究语言艺术和方式方法。

1. 批评要摆事实、讲道理

对别人提出批评前,要先掌握问题事实,不能以主观猜测为批评的依据,否则容易造成误解甚至对立情绪。批评时应该就事论事,不能够以偏概全。对被批评者不抱成见,不揭老底,还要设身处地地分析其做事的动机与效果。如果动机良好,效果不佳,就要先肯定其良好的愿望,再批评不当之处。批评要与人为善。

2. 批评要态度诚恳,以理服人

批评的目的,是要促使对方改正错误,帮助他找到改正错误的正确方法。因此,要充分尊重、理解、信任被批评者。要以理服人,以情感人,不能挖苦、讽刺、嘲弄,伤害人的自尊心,侮辱人格的言辞要杜绝,否则只会造成或加剧对立情绪,或口服心不服。批评不一定要用很严厉的语气,和风细雨式的交谈或许可以达到更好的效果。批评时,有时会因“恨铁不成钢”而带上抱怨乃至威胁的语气。其实这样只会使对方因反感或惧怕而忽视对错误根源的认识,批评也就不会真正起到作用。

3. 批评方式应因人而异

批评要讲究方法,要因人、因时、因事选择合适的批评方式。批评的方式有多种,归纳起来可以分为直接批评和间接批评两大类。

(1) 直接批评。直接批评指毫不含糊地直接指出当事者存在的缺点、错误。年轻人涉世未深,思想上不够成熟,对他们进行批评时,最好是语重心长地直接批评,不宜转弯抹角、含含糊糊,以免误解

触动式批评就是最典型的直接批评。触动式批评措词比较严厉、尖锐,语气强烈,主要运用于屡次犯同类错误,且惰性心理、依赖心理或侥幸心理较为突出的人。当然,在使用这类批评方式时,要注意有的放矢、实事求是,以防止伤害被批评者的自尊、激发逆反心理,无法达到批评的目的。

批评那些道德水平低下的蛮不讲理者,一味温情脉脉无济于事,首先要以正压邪,待其稍有收敛,再软硬兼施与其论理。在严厉的批评之后,还应加以耐心的说服工作,最后在友好的气氛中结束批评。

(2) 间接批评。间接批评是一种以委婉含蓄的语言,充分发挥暗示的效力,让人从中去理解和领悟的批评方法。间接批评是一种人格的尊重,其特征是说此道彼,话中有话,明话曲说,正话反说,硬话软说,严话宽说。间接批评比起直来直去的呵斥、谴责,气氛和谐得多,所以被广泛采用,并且形成了丰富多彩的形式。

对于自尊心较强的人,可以先赞扬后批评。这种方法被美国著名的演讲家戴尔·卡耐基称为“矫正对方错误的第一个方法”。先真诚地赞美他的优点,然后再批评,这样能防止产生对立情绪,达到预期效果。

响鼓无须重捶。对于那些领悟能力较强的人,可以采用提醒式批评。这类批评主要运用暗示的方法旁敲侧击,把批评的信息巧妙地传达给对方。批评时要点到为止,没有必要唠叨过多。也可以用幽默、调侃的方法进行提醒。只要从表情、动作观察到对方已有内疚之意,就没有必要强迫其当众认错。

对性格温顺,较为敏感的人,宜运用启发式批评。这种批评以温和的态度向对方慢慢讲清道理,逐步引导对方自觉地认识到存在的问题。

对于性格固执的人,可以采用渐进式批评,即不把所有的问题一下子和盘托出,而是步步深入,使对方能够逐步地适应,逐步地接受,不致于一下子“谈崩”。

4. 批评要选择时机和场合

批评时机、场合的选择,是使批评收到良好效果的重要一环。不能不分场合、不分时机,仅凭自己的情绪意气用事。在批评前,批评者宜先找一些比较轻松愉快的话题闲聊,营造一种亲切、友好的气氛,待双方交谈比较融洽、投机时再进入主题。这样可以让对方了解自己的意图,接受批评的心态也就会平和一些,才能够比较客观地反省自己。应尽可能避免在大

庭广众之下指名道姓地批评别人,否则被批评者会认为这是故意让他当众出丑。单独批评会让对方感到你对他的体谅,对于批评的内容也就更容易接受。

5. 批评要讲究语言技巧

一般来说,在受到批评时,被批评者的心理常处于紧张、压抑的状态,这种不正常的心理状态是双方交流沟通的障碍。批评者要运用语言表达技巧,帮助被批评者减轻心理压力。首先要用简明扼要、客观公正的语言讲清事实、指出危害。不要喋喋不休地列举对方的过错,无休无止地上纲上线,避免加剧被批评者的紧张情绪,造成逆反心理。批评者巧用幽默的语言,以半开玩笑半认真的方式提出批评,让被批评者在笑声中心情舒畅地接受批评,会收到事半功倍的效果。

【示例评析】

(示例1)

20世纪20年代的美国总统柯立芝有一次批评女秘书,他是这样说的:"你今天穿的这件衣服真漂亮,你是一个迷人的年轻小姐。"然后接着说:"你很高兴,是吗?我说的是真话。不过,另一方面,我希望你以后对标点符号稍加注意,让你打的文件跟你的衣服一样漂亮。"女秘书高兴地改正了。

〖评析〗

统一食品的创始人之一雷安斯·弗兰西斯曾经指出:"因为赞美能渗透到对方的内心深处,所以赞美之后的批评,他一定能理解。"总统采用了先赞扬后批评的方法,让秘书小姐非常愉快地接受了他的批评。这种先"甜"后"苦"的批评方法值得学习。

(示例2)

一位班主任发现班上个别学生有早恋的苗头,但又证据不足。他思前想后,在班上说了下面一段话:

"我们村子周围有大片的果树园,寒来暑往,春华秋实。有一年秋末冬初,我惊奇地发现,有些就要落叶的树枝上竟然又开出了一簇簇小小的果花。不久,花谢了,居然也结出了山楂般大小的果子。可惜没过几天,霜冻就来了,叶子落尽了,小果实也烂掉了。小时候,我每每捧着这些可怜的小果子发呆。后来,我才明白:不该开花的时候开花了,不该结果的时候结果了,是会受到自然规律惩罚的。今天,同学们中的一些事情同样引起了我的思索,你们是否也从中得到了一些启迪呢?"

对于老师的这段讲话,同学们心领神会,早恋的现象从此也在这个班上绝迹了。

〖评析〗

班主任采用提醒式批评旁敲侧击,以果树在不该开花的时候开花,不该结果的时候结果,最终受到"惩罚",暗示学生中的早恋及其后果,这实在是一次绝妙的批评。细心的班主任既给早恋的学生留了面子,防止了因为把话题挑明后在班上造成的负面效应,同时又达到了批评的目的。

(示例3)

《后汉书》中记载了一位擅长讲话的媳妇巧妙地批评婆婆的故事:丈夫乐羊子外出求学,七年不归,家里日子艰辛,已久未尝过荤腥。乐羊子的母亲犯了馋,见别人家的鸡进到她家院子,就偷偷地宰了来吃。对婆婆的这种不洁行为,乐羊子妻十分难过,她不但不下筷子同婆婆一起吃这偷来的鸡,而且直掉眼泪。问她为什么,她回答说:“怪我自家穷,没有能把婆婆侍奉好,因而使饭桌上有了别人家里的肉。”婆婆听了惭愧得无地自容,端着煮好的鸡,到失主家认错赔礼。

〖评析〗

在封建社会,儿媳对婆婆是不能直截了当批评的,乐羊子妻以退为进,用自责来唤起婆婆的醒悟,取得了很好的效果。

【情境训练】

〖训练题1〗

下面两段话选自戴尔．卡耐基的《美好的人生 快乐的人生》,请从批评技巧的角度比较它们的不同,说一说哪种说法效果更好。

(1)“××,我们真以你为荣,你这个学期成绩进步了,但是,假如你的代数再努力点的话,就更好了。”

(2)“我们真以你为荣,××,你这个学期成绩进步了,而且只要你下学期继续用功,你的代数成绩就会比别人高了。”

〖训练题2〗

阅读下面的故事,分析晏婴进谏成功的原因。

齐景公滥用酷刑,百姓怨声载道,晏子一直想找机会劝谏。晏子家离集市很近,齐景公提出给他换个好住处,晏子推辞说:“离集市近也有好处,买什么东西出门就到。再说,怎么敢烦劳众乡里帮我盖房搬家呢?”齐景公笑着道:“你离集市近,了解市价行情吗?”晏子点点头。齐景公问:“那你说市场上什么东西贵,什么东西贱?”当时齐景公对百姓采用的酷刑是砍掉双脚,因此市场上卖假腿的很多。于是晏子趁机说:“屦贱踊贵。”齐景公意识到自己的过错,从此废除了砍脚的酷刑。

第三节 鼓励与劝慰

一、鼓励

【知识概要】

(一)鼓励的作用

鼓励是通过语言唤起自信,激发热情,劝人努力,帮助他人认识自我行为和能力的一种交谈形式。每个人的成长之路都不会一帆风顺,要取得成功,除了自身奋斗外,还离不开来自家人、朋友、同事的鼓励。卡耐基说过:“能力会在批评中萎缩,而在鼓励下绽开花朵。”人们在成长过程中,极不容易认识自我,把握自我,常常缺乏信心和勇气。人们习惯于根据别人的反应来评价、调整自己的行为,当受到鼓励时,会精神焕发,信心倍增,向着积极的方面发展;当受到指责时,就可能悲观失望,一蹶不振。鼓励有助于当事者明确方向;鼓励能促使人勇敢地面对困难,迎接各种挑战;鼓励能帮助人们树立和增强自信心;鼓励还可以唤起人对生活、学习和工作的激情,从而充分发挥自己的潜能。一句伤害的话,可刺伤一个人的心灵,甚至毁灭一个人的未来;而一句鼓励的话,却可改变一个人的观念与行为,甚至改变一个人的命运。

(二) 鼓励的技巧

1. 鼓励要发自内心

鼓励并不等于简单地说"你真棒"、"太好了",鼓励应该源自内心的感动。需要鼓励的人,一般是遭遇困难甚至挫折,或处在人生十字路口的人,他们最需要的是勇气和信心,而发自内心的真诚的鼓励是唤起勇气和信心的最大力量,轻描淡写、虚情假意的空话和套话决不可能打动别人的心,只有真心实意地想别人所想、急别人所急的人,才可能帮助别人度过难关。

2. 以具体指导代替空洞说教

对于那些把握不准前进方向的人来说,"加油"、"好好干"之类的话太苍白无力,他们需要的是实实在在的、具体的指导,他们除了需要别人为他鼓劲加油,更希望别人能指点迷津,告诉他如何才能干好。

3. 用事实激发自信

鼓励的最终目的就是要帮助人们树立信心,激发对生活、学习和工作的热情。因此,除了语言上的鼓励,还可以为对方创造发现自己潜能、证实自己能力的机会,不断给他们以成就感。对于那些失去了自信心或内心充满矛盾的人来说,没有什么比看到自己取得的成就更能让他们振奋精神的了,没有什么比得到大家的赞赏更能让他们充满自信的了。成功的体验是帮助失败者走出失败的阴影,帮助举棋不定者坚定信念的最有说服力的方法。

4. 鼓励要把握尺度

在赏识教育中有这样一个误区,认为话说得越好听,激励的作用越大。其实不然。鼓励的话说得不恰当,有时同样会打击积极性。鼓励的话不要说得太过、太满。如果总是用"最了不起"之类的言过其实的语言鼓励,会在不知不觉中给对方太多的压力,令人对自己的期望过高,而一旦发觉并非如此,反过来又可能导致自我怀疑,并随之产生自卑、嫉妒等负面情绪。鼓励也并不是对问题视而不见。在给予失败者以鼓励的同时,还应该明确地指出他的不足,帮助他分析失败的原因,使其既不妄自菲薄,又不妄自尊大,能够清醒客观地认识自己,这样做才是对人负责的态度。

5. 借助其他方式鼓励

一句温暖的话语是鼓励,一个关心的眼神同样也能够点燃人们心中希望的火花。对那些个性敏感、自尊心较强的人,鼓励的话并不在多,简洁的语言之中经常辅之以包含支持、赞许的体态语,如赏识的目光、有力的握手等,对方就能够体察其中的意图。

【示例评析】

(示例1)

有一位父亲给他8岁的儿子买了一架钢琴,可是小男孩顽皮好动,不好好学,妻子经常为此训斥孩子,可不起作用。于是,父亲就开始想办法使孩子喜欢弹钢琴。一天下午,当孩子为应付父母,随便弹了一段曲子准备溜走时,父亲叫住他:"儿子呀,你弹的是什么曲子?怎么这么好听!爸爸从来没有听过这么美妙的音乐,你再给爸爸弹一遍。"孩子听了很高兴,愉快地又弹了一遍。父亲又鼓励他弹了一些其他曲子,并告诉儿子自己喜欢听他弹的曲子,问他能不能每天弹几首。儿子高兴地答应了下来。过了一个多月,孩子竟慢慢有了弹钢琴的兴趣,每天放学回家,孩子第一件事就是弹钢琴,雷打不动。

〖评析〗

从父母教育儿子学钢琴的过程中可以看出,鼓励是成功的灵丹妙药。母亲的正面批评并没有达到预期效果,父亲改用鼓励激发的方式却取得了成功。

(示例2)

有一个孩子从学校回来闷闷不乐,因为同学嘲笑他个儿矮。妈妈安慰他说:“个儿高的同学有力量,你长得小巧也有优势,你跑起来比他们更灵活,你说对吗?”孩子连连点头。妈妈又说:“如果你也想长得高一点,也不难,以后多吃饭、多参加运动就行了。”孩子高兴地笑了。

〖评析〗

故事中的妈妈首先告诉孩子,高个、矮个各有所长,消除了孩子的自卑心理;然后再给孩子提出积极的建议,使孩子对自己更加有信心。在鼓励的同时,妈妈又不露声色地从侧面指出了孩子的不足,起到了教育孩子的作用。

【情境训练】

〖训练题1〗

训兽员为什么在动物表演成功时给动物喂食物?这和老师奖给孩子小红花有什么相似之处?请从鼓励的角度加以解释。

〖训练题2〗

比较“今天你真漂亮”与“你是最漂亮的”,“这个故事真有趣”与“你讲故事是全班最棒的”,分析哪句话更合理。

〖训练题3〗

请找班级中学习遇到困难,或生活遇到困难的同学谈心,注意运用鼓励的技巧帮助同学树立信心,克服灰心丧气等消极情绪。

二、劝慰

【知识概要】

(一)劝慰的作用

劝慰是指对遭遇挫折和不幸的人给予劝解、安慰。人生顺逆起落,不幸的事人人难免。身处逆境,面对不幸,不仅需要本人坚强起来,也迫切需要周围的人给予安慰。在一个充满温暖的环境中,人对生活会更有信心。人们常常把别人的劝慰比作雪中送炭,能给不幸者以温暖、光明和力量,帮助不幸的人分担痛苦,振作精神。这体现了世间真情,是为人处世的美德,这也是每个人应尽的责任,因为世界需要热心肠。

(二)劝慰的技巧

1. 真诚热情,温暖贴心

不管是什么样的劝慰,也不管是劝慰什么样的人,有一点应该是共同的,那就是应充满热情。热情来源于对家人、朋友和同事的真诚的关爱。只有真心感受别人的痛苦,设身处地分析痛苦的原因,劝慰的话语才能让人感到温暖贴心。

2. 富有耐心,认真倾听

遭受不幸的人必然心中痛苦,对关心他们的人倾诉自己的喜怒哀乐,可以使郁结的痛苦和烦闷得以宣泄。所以,劝慰者首先要认真倾听,接受并理解他们的情感宣泄。遭受不幸的人容易情绪激动,往往表现出暴躁、痛苦、沉默、沮丧等种种情态。遇到这些情况,我们需要做的就是等待。一定要记住,对方是需要关心的人,我们要耐心地等待他们情绪稳定下来,千万不能表现出不耐烦的神情。

3. 方式灵活,因人而异

对于在事业上屡屡受挫的人,最好的安慰是充分理解、支持其强烈的事业心,帮助对方总结经验教训,客观分析面临的有利和不利因素,克服消极悲观情绪,树立必胜的信念。对于他们,理解应多于抚慰,鼓励应多于同情。

探望身患重病者,不必过多谈论病情,更不要表现出怜悯的神情。病人大多比较敏感,精神包袱沉重,如果总将话题停留在病情上,势必使病人包袱加重。应该多谈病人关心的、感兴趣的事,多说与他有关的值得高兴的事,一来可以转移病人的注意力,二来又可以使他精神愉快。

安慰丧失亲人的不幸者,不要急于劝阻对方哭泣。强烈的悲痛积压心头,愈久愈重,让其释放出来,有利于较快恢复平静状态。应当注意倾听对方的回忆、哭诉,并与之多谈谈死者生前的优点、贡献,人们对死者的敬仰、怀念。死者的生命价值越高,其亲属就愈感宽慰。

4. 用善意的谎言劝慰

为了减轻不幸者的精神痛苦,帮助不幸者恢复生活的勇气,有时我们不妨用善意的谎言劝慰他们。这种方法特别适合处在极度悲痛之中的感情脆弱或身体虚弱的当事人。对于他们来说,善意的谎言胜过于事无补的真话。

5. 调动其他因素,加强劝慰效果

劝慰别人时,与对方的身体距离要近一些,以示双方关系亲近。目光要与对方平视,不要给人高高在上的感觉,否则,反而会增加对方的心理压力。说话时语调不宜太高、太快,语气要轻柔,这样才能够安抚对方的情绪。

【示例评析】

(示例1)

有人向朋友倾诉说自己在一次重要技能考试中失利,总觉得在班里遭人白眼,抬不起头来。朋友劝慰他说:"我明白你的感受,也为你感到惋惜,其实我也有过类似的经历,后来我在书上看到这样一段话:在人生旅途中,偶然的挫折和苦恼是在所难免的。就好比我们不能希望一年四季都是春天,大自然注定我们必须要遭遇严寒的冬季,但是同样注定我们必然拥有春暖花开。今天虽然下了点小雨,明天依旧会是阳光明媚。于是我就重新振作起来。其实,我们应该把挫折看成是人生的一种阅历,看作是一种财富。"

〖评析〗

朋友的这番劝慰语,首先是以"共同感受"表达真诚的同情,其次是以"共同感悟"作激励共勉,比喻贴切,意味深长,其良好效果,不言而喻。

（示例2）

某校的一位班主任老师因操劳过度，身患重病住院治疗。班里干部发动全体同学折了一千只纸鹤，并派代表到医院探望。同学们见到饱受病痛折磨、憔悴不堪的老师，都非常难过。但聪明的他们并没有流露出哀伤情绪，而是先把带去的五彩缤纷的千纸鹤在老师病床周围张挂起来，给了老师一分惊喜。同学们没有正面询问老师的病情，而是七嘴八舌地叙述起班里最近发生的趣事，介绍班级考试成绩有了提高，几个调皮学生变得懂事了，接着婉转地表达了全体学生对老师的思念，盼望老师早日回到班级上课的心情……病床边洋溢着愉快乐观的氛围，老师始终边笑边听着同学们的话语，一扫连日的阴霾，心情开朗了许多。

〖评析〗

这些同学的劝慰方式十分巧妙，首先用心灵暗示，让千纸鹤作为吉祥的征兆，寄托美好的祝愿。接着用迂回技巧转移敏感的问题，用班级学生的趣事营造愉快的氛围，这无疑是一剂“心灵鸡汤”，给痛苦中的人以真诚的抚慰。

【情境训练】

〖训练题1〗

有一个人因为个性太强、性格不太开朗，所以经常与同事闹矛盾。她经常向自己最要好的朋友诉苦、抱怨。好朋友该如何劝慰她？

〖训练题2〗

假如你的好朋友因为竞选班干部失利而情绪低落，你将如何帮助他振作精神？

〖训练题3〗

一位同学因父母长期闹矛盾，最近被法院判决离异，这位同学向你倾诉心中的苦闷，作为她的好朋友，你怎样对她进行劝慰？

第四章 介 绍

【导学提示】

假如你来到一个新的环境(班级、单位)学习或工作,初次与新同学、新同事见面,你将怎样让别人很快了解你、接受你?假如你到一家公司去联系业务,你怎样让对方认识你并乐意与你洽商合作?假如你接待一位顾客,你怎样让他(她)中意这件商品并欣然购买?假如你带领游客观赏景点,你怎样让游客心驰神醉,留连忘返?这一切都仰仗于你的口才。

介绍是一种涉及面广、实用性强的口头交际方式。它的作用是通过"口说",使人"心知"——对陌生的人、事、物和环境有所了解,获得有关的知识和信息。介绍有不同的内容和方式。从对象和内容上说,可以分为人物介绍和事物介绍两大类;从方式上说,主要有说明、叙述、描述等。学会用恰当的方式和得体的语言进行介绍是促进人际交往,营造和谐气氛,获得工作成效的重要前提。良好的口语介绍能力来自于清晰的思维、流利的口才和丰富的专业知识,来自于日常生活和职业活动等各种交际情境中的自觉学习、揣摩和训练。

第一节 人 物 介 绍

【知识概要】

一、人物介绍的原则

人物介绍是人与人之间获得联系和沟通的桥梁。为了增进了解,促进交往,进行人物介绍要遵循以下几个原则:

1. 信息真实,评价客观

首先对介绍对象要有充分的了解,才能在介绍中传递正确的信息。无论是自我介绍还是介绍他人,在交代年龄、身份、学历、特长等信息时,要实事求是;在需要对介绍对象作出评价时,要恰如其分。如果为了博得被介绍者的好感而故意炫耀自己或抬高他人,夸大其辞,过分溢美,反而会影响介绍的可信度,效果往往适得其反。

2. 注意场合,把握分寸

介绍的内容与方式取决于交际场合和介绍目的。一般说来,在公务交往中的人物介绍要求突出被介绍者的身份、职位等重要信息,语言也比较平实、简洁;在竞选与应聘活动中的人物介绍要强调其学历、资历、个性、特长等,特别突出其能力和成就;在礼仪交往场合的人物介绍,内容可以不拘一格,富有个性、活泼幽默的介绍能够调节气氛,使人与人之间的交往变得轻松而融洽。

3. 语言得体,态势自然

作人物介绍时,语言要清晰流畅,语速不宜过快,音量适中,使在场者能听清;态度要彬彬有礼,镇定自然,不可忸怩作态。规范态势是:在自我介绍时,面向对方,上身微向前倾,脸带微笑,适当辅以手势。做居间介绍时,站立于双方被介绍者的一侧,先把身体上部略倾向被介绍者,伸出靠近被介绍者一侧的手臂,大臂与小臂呈弧形平举,手掌向上,拇指与四指分开,四指自然并拢,面部略带微笑,两眼平视被介绍者,眼光兼顾被介绍的双方。

二、人物介绍的主要形式

(一) 自我介绍

自我介绍是使初次打交道的人获得彼此了解的一种口头交际方式。成功的自我介绍能使人对你产生良好的第一印象,对自我形象塑造起着重要的作用。

自我介绍除了内容客观、真实,语言简洁、明白,态度落落大方等基本要求外,还应该富有个性,在表达上独辟蹊径。从独特的角度,选择对方感到意外,又合乎情理的内容,采用活泼的语言把自己“推销”给别人。初次见面(亮相),要巧报“家门”,对自己的名字作巧妙风趣的“诠释”,给人以深刻的印象。例如:有一位名叫“聂品”的人,这样解释他的名字:“我叫聂品,三只耳朵,三张口,就是没有三个头。”人们听了一定会在忍俊不禁中留下深刻的印象。自我介绍也要看场合,在求职面试或某些竞选活动等场合,对自我介绍的要求就更高了。在内容上,除了介绍一般情况,还要涉及兴趣爱好、性格特点、专业特长等,力求介绍得全面、充分又突出重点、富有个性;在形式上力求活泼、新颖,语言流畅、生动,还要风趣、诙谐,为自己塑造一个坦诚、自信、机敏、洒脱、受人欢迎的好形象。

【示例评析】

(示例1)

在某旅游职校学生会部长竞选会上,一位竞选者作了如下自我介绍:

各位代表、各位领导:

我是导游专业二年级学生。我姓李,李白的“李”,单名“才”。我父母给我起名字的时候,一定是从唐代大诗人李白的诗句:“天生我才必有用”那里得到了灵感。说来也奇,我两岁起就能背不少唐诗,现在《唐诗三百首》我能背个八九不离十。我的兴趣爱好比较广,文学、音乐、戏曲、书法、足球、围棋都喜欢,哪一样都不精通,但它们使我的精神得到调剂,业余生活不感枯燥。我爱交朋友,原则是真诚坦率相待,不求志趣相同。《红楼梦》里有言:“世事洞明皆学问,人情练达即文章。”我不求世事洞明,但我很在乎人际关系的和谐,我相信多一个朋友就会多一份快乐。我崇拜偶像,我仰慕李白、李清照,也崇拜小贝、刘德华,喜欢“超女”,也羡慕“好男儿”,但不会痴迷。我担任过文艺会演的主持人,论台风,虽比不上赵忠祥和朱军,但或许能跟咱本家李咏比个高低。请别笑我狂妄。我没有担任过学生会文艺部长,但我觉得自己挺合适,而且一定能够胜任。你们说呢?

〖评析〗

李才同学的自我介绍,既合规范又不落俗套,语言率直,又不失幽默。除了介绍姓名、专业、兴趣爱好、特长外,重点介绍自己待人接物与处世的原则,塑造了一个真实坦诚、富有个性的自我形象。

(示例2)

在某市旅行社招聘业余导游的口试场上.尹浩洋同志以压倒多数的应试成绩被旅行社破格录取了。下面是他的自我介绍词:

各位主考:

晚上好!

本来我想朗诵一首诗。但在看了前面十几位考生的口试后,我忽然醒悟到:旅游工作更多的应该是娓娓而谈,才能更好地完成导游任务。因此,我这儿想和各位主考说说心里话。话题呢,就叫《我为什么报考导游》。

我报考导游有两个不利条件:

第一,是我的年龄。你们的启事上说是招19~24周岁的,而我却已是30岁了。不过任何事物都不是绝对的。一方面,我可以通过充满青春活力的热情和幽默来弥补;另一方面,年龄大些或许正可以成为成熟、稳重、可以信赖的标志呢!而这些,好像正是导游工作所需要的。

我的第二个不利是我的性别。毋庸讳言,导游工作,大多是由温柔美丽的女性来干的。但是,当今世界,导游已不是女性们的专利了。在某些情况下,具有阳刚之气的男性导游或许会倍受青睐。因此,我来了。因为我知道,报考导游员我还有7个有利条件:

第一,我热爱导游工作。

第二,由于我的职业关系,夏季,这个烟台旅游的黄金季节,正是我们中小学放暑假的时候。我有充裕的时间,可以做到招之即来,来之能战。

第三,由于长期坚持锻炼身体,我有充沛的精力。我可以胜任长途奔波,完成连续作战的任务。

第四,由于对家乡的热爱,由于对史地知识的爱好,我相信我可以在烟台市范围内的导游工作中做到有问必答、有疑必解。

第五,由于在大学4年中经常有外地同学来烟台,由我为他们担任向导,所以我自认为已初步具备了导游工作的实际经验。

第六,经过6年多教师工作的锻炼,我认为自己的普通话和语言表达能力均能胜任导游工作。

第七,我的性格和气质属多血型。从心理素质上讲,适应环境的能力和应变能力较强,而这种心理、气质类型,正是被认为做导游工作最适宜、最优秀的一种类型。

所以,我来了,并且相信,如果被录取,一定不会辜负你们——各位主考的选择的!

我的话完了,谢谢各位为我提供的这次机会。

(摘自《演讲与口才》1990年第1期)

〖评析〗

这位考生的自我介绍,以实事求是的态度,从年龄、性别、职业、体力、学识、经验、性格、气质等方面列举自己从事业余导游工作的有利条件，陈述理由充分，语言朴实无华，态度坦诚自信，是一次出色的自我推销。尤其是一开头以自己的"不利条件"为切入口，欲扬先抑，虚贬实褒，令人顿生好感，取得了先声夺人的效果。

（示例3）

下面是著名喜剧表演艺术家王景愚在一次电视台举行的访谈节目中所作的自我介绍：

我就是王景愚，表演《吃鸡》的那个王景愚。人称我是多愁善感的喜剧家，实在是愧不敢当，只不过是个"走火入魔"的哑剧迷罢了。你看我这40多千克的瘦小身躯，却经常负荷许多忧虑与烦恼，而这些忧虑与烦恼，又多半是自找的；我不善于向自己敬爱的人表达敬与爱，却善于向自己所憎恶的人表达憎与恶，然而胆子并不大。我虽然很执拗，却又常常否定自己，否定自己既痛苦又快乐。我就生活在痛苦与欢乐交织的网里，总也冲不出去；在事业上人家说我是敢于拼搏的强者，而在复杂的人际关系面前，我又是一个心无灵犀、半点不通的弱者，因此在生活中，我是交替扮演强者和弱者的角色。

〖评析〗

王景愚的自我介绍很有技巧，他首先以自己的成名作作为开场白，一下子拉近了与观众的距离。他善于用对比来突现出自己独特的个性，在坦诚中透露着自信，在自嘲中包含着肯定，给人留下了良好的、难以忘却的印象。

【模拟训练】

〖训练题1〗

某职校学生会干部李建明打算利用暑期到他所在的社区进行志愿者服务活动，为此来到街道办事处联系有关事宜，首先向接待者介绍了自己的情况。请两位同学分别扮演接待者和李建明，注意自我介绍要与志愿者服务活动的内容相适应。

〖训练题2〗

模拟学生会干部候选人的身份，为竞选学生会干部（职务自拟）作一番自我介绍。注意介绍的内容与竞选的职务相关，语言要富有个性。

〖训练题3〗

模拟2008年北京奥运会（或2010年上海"世博会"）"志愿者"招聘会的情景。"志愿者"的工作岗位分为接待员、解说员、服务员、驾驶员、导游员等等，请以应聘者的身份，作一番自我介绍。

（二）介绍他人

〖知识概要〗

介绍他人是在社会交往中，使人们互相认识的一种必要的口语交际形式，起着沟通人际关系、融洽会见气氛的重要作用。

介绍他人有"居间介绍"和"代述介绍"两种基本形式。

其一，居间介绍。这是指以第三者（居间人）的身份向被介绍的双方说明各自的基本情况及双方接触的目的，使双方相互认识和了解。居间介绍多用于新老朋友聚会、接待来访者、会晤洽谈等一般社交与公务活动场合。

居间介绍的基本要求是：

1. 顺序适宜

社交礼仪中介绍彼此的顺序有“五先”的惯例：

(1) 先把男子介绍给女子；

(2) 先把职位低的人介绍给职位高的人；

(3) 先把年轻人介绍给年长者；

(4) 先把未婚女子介绍给已婚女子；

(5) 先把宾客介绍给主人。

如果有领导与贵宾被邀请参加重要会议，主持人应先介绍来宾，再按领导的职位高低依次介绍给与会者。

如果在座谈会或正式宴会上，主持者可以按照座位顺序依次介绍。

2. 称谓恰当

准确恰当地称呼被介绍者，不仅有利于双方彼此了解，也会使人产生愉悦满足的心理感受。不同国家、地区、民族的人名组合，姓与名的排列顺序也不尽相同，尤其是使人敏感的职位、职衔、职称，不可掉以轻心。一般说来，公务员、企业家重视职衔，学者、艺术家重视职称，老百姓重视辈分。

3. 语言谦恭

为表示对他人的尊重和礼貌，介绍时通常用祈使句或者敬语。比如：

“请允许我来介绍，这位是……”

“请允许我为您介绍”，“很荣幸能介绍给各位认识，这位是……这位是……”

在有些场合介绍有名望、有成就或地位重要的人物时，还可恰当地运用赞美之词。例如：“这位就是大名鼎鼎的企业家×××总经理”，“这位是音乐界泰斗×××先生”，“这位是全国重点职校校长，××市(省)十佳教育工作者×××”。这种介绍语具有浓郁的感情色彩，能产生积极的心理效应。

其二，代述介绍。这指的是以叙述人的身份介绍他人的情况、事迹，使人们对被介绍者有较为具体和全面的了解。例如：学生会、团委干部候选人情况介绍，人民代表候选人的事迹介绍，先进、模范人物、革命英雄事迹展览会的解说词，都属于这种代述介绍。

代述介绍要求全面、概括、真实，突出重点，着重介绍其主要经历、主要成绩(成就)及主要特点。一般用第三人称作介绍，在说明、叙述中可画龙点睛地给予评价。语言朴实，口齿清晰，音量适中，语调平缓。但在类似主持人介绍演员与观众见面等场合，介绍语则应别具一格。

【示例评析】

(示例1)

东方柠檬饮料公司的吴经理为了凭借汉津食品研究所的科技优势，提高产品质量，想请该研究所研究员郑明俊先生做技术指导，为此登门拜访，请钟先生为双方做了介绍。

钟：请允许我为二位介绍，这是东方柠檬饮料公司的吴经理。

郑：欢迎欢迎。

钟：这是汉津食品研究所的研究员郑明俊先生，郑先生是国内外知名的专家，曾是国家科技进步奖获得者。

吴：久仰久仰。

钟：郑先生，今天吴经理专门来向您请教，主要是想与您谈谈如何利用你们研究所的科技优势，促进他们柠檬公司的发展。

郑：这当然好罗。科研单位与公司和企业联姻，这是一种趋势，是使科研成果转化为生产力的极好形式，我们愿意为此作出努力。

吴：太好了。我们公司虽然效益不错，产品的销路很好，但是不少消费者对我们产品的质量提出了很中肯的意见，我们想尽快改进，扩大市场，进一步满足市场的需求。这就劳驾您在技术上给我们多多指导。

郑：没问题，我们共同研究，解决产品中出现的问题，我们的合作一定会有很好的前景。

吴：那太谢谢您了。我们想请您本月25日到我们公司去现场指导，不知这个时间与您的安排有无冲突？

郑：那天正好是我做完实验的第二天，可以去。

吴：那就这样定了。

钟：郑先生，柠檬公司能得到您的支持，真是荣幸。今天占用了您不少时间，我们告辞了。

吴：谢谢您。

郑：不必客气，慢走。

钟、吴：再见。

郑：再见。

〖评析〗

郑、吴的交谈十分顺利，得力于钟某的居间介绍。他先把客方柠檬公司代表的身份和来意向主方郑先生作了简洁的介绍，又恰到好处地介绍了郑先生的学术成就，增进了双方的了解与信任度，促成了双方的实质性交谈。可见，恰当的居间介绍对于交谈双方的合作起着重要的桥梁作用。

（示例2）

在海军大连舰艇学院教授方永刚先进事迹展览会上，讲解员声情并茂地为参观者介绍着方永刚其人其事：

这里展出的是党的优秀理论工作者方永刚的先进事迹。方永刚于1963年4月生于辽西建平一个叫萝卜沟乡的水泉村，那里多少年都是贫穷闭塞，有两句顺口溜"两山加一沟，河水常断流；重工业是砸石头，轻工业是做豆腐"，更主要的是他家里兄妹七人，晚上只有一盏油灯。在这种艰难环境下，幼小的方永刚就开始为父母分忧解难，放学之后打猪草、养兔子，并立志奋发向上。1979年他考入县重点高中，成绩名列前茅；1981年他背着一条旧棉被踏入了复旦大学历史系；1985年7月毕业后，入伍当了海军舰艇学院的一名政治教员，后来又进入国防大学，成为军事学博士。

20多年来，他深入研究，积极传播、模范实践党的理论，。他立足三尺讲坛，在理论教学领域里辛勤耕耘，先后完成了10多项政治理论研究课题，先后主编党的创新理论研究专著16部，发表学术论文100多篇，获得全军政治理论研究优秀成果一等奖等28个奖项，完成国家社会科学基金项目军队重点理论研究课题7项。

多年来，他在年均超额完成200%教学工作量的情况下，还利用课余时间给学院的教职员工、学员举办了200多场学术讲座。作为辽宁省国防教育讲师团成员、沈阳军区联勤部客座教授等，他还在部队、地方党政机关、社区、企事业单位、干休所和学校等处作辅导报告1000多场。他知识渊博，既有学者风度，又谦虚朴实；他讲课紧扣主题，能抓住听众的心，使主讲人与听众之间产生共鸣。凡是听过他报告的人，无不为他深入浅出、博学广识、贴近实际、风趣生动的讲演才能所折服。

方永刚教授多年如一日，废寝忘食、夜以继日地研究、写作，连节假日都在不停的工作，终于积劳成疾，得了癌症。在住院治疗期间，受到党和国家领导的亲切关怀。今年2月20日，中共中央总书记、国家主席胡锦涛专程前往解放军总医院看望方永刚，表达了亲切的慰问，高度赞扬方永刚的先进事迹，并号召广大党员和全军官兵向方永刚学习。

〖评析〗

这篇介绍词抓住了被介绍者经历中的几个片段，幼年时的艰苦生活、青年时的刻苦攻读、学业上的不懈进取、理论研究的成果卓著、传播真理的影响深远，从不同侧面表现了一个奋发有为的优秀理论工作者的风采和品格。介绍内容真实，重点突出，语言平实中见生动，叙述与评价相结合，给参观者留下深刻印象。

（示例3）

某大学邀请话剧《光绪政变记》中的慈禧太后的扮演者郑毓芝同志作演讲，主持人是这样介绍的：

同学们，今天，我们好不容易把“老佛爷”慈禧太后请来了！（掌声、笑声，听众情绪顿时热烈起来）“老佛爷”郑毓芝同志在台上盛气凌人，皇帝、太监、大臣见了都诺诺连声、磕头下跪；在台下却和蔼可亲、热情诚恳。她刚才和我谈起，还曾扮演过《秦王李世民》中的贵妃娘娘，话剧《孙中山》中的宋庆龄。她是怎样把这些截然不同的人物演得栩栩如生的呢？下面就听她的演讲。（听众凝视主席台，热烈鼓掌）

〖评析〗

这段介绍词的特点是短、精、趣。开头，巧用借代手法，一句话便调动起听众的情绪，活跃了会场气氛。接着运用“台上”、“台下’’的对比，要言不烦地介绍了郑毓芝的人品、艺品，取得先声夺人的效果。

（示例4）

萧何妙语荐韩信

秦朝末年，群雄逐鹿。刘邦延揽人才，东征西讨。韩信原来是项羽手下的一名侍郎，因不被重用而投靠刘邦。起初刘邦也没有重用他，怀才不遇的韩信不辞而别，萧何把韩信追了回来，便对刘邦说：“韩信的才能，天下无双。您如果只想长久当汉王，那就不必用韩信；您如果想打天下就非用韩信不可！”最终刘邦拜韩信为大将。

〖评析〗

萧何在介绍韩信的时候，首先采用对比法，将韩信与一般的将领作比较，介绍韩信的才能是“天下无双”。其次抓住了刘邦不想久居汉中，而想一统天下的远大志向，提出要达到此目的，非用韩信不可。萧何举荐介绍的成功，正是因为对症下药抓住了刘邦想“揽人才以成大业”的心理。

【模拟训练】

〖训练题 1〗

你校学代会期间，召开学生会委员换届改选大会，请你向全体学代会代表介绍学生会委员候选人的情况。

〖训练题 2〗

光明中等职业学校举行建校 25 周年校庆活动，邀请老校友参加开幕式，并请一位已经成为某大集团总经理的校友代表发言。你作为大会主持人，怎样向全体与会者介绍这位校友代表？

〖训练题 3〗

你所在单位想招聘一位公关部经理，你认为你的一位老同学挺合适，你怎样向人事部经理推荐他？

第二节 事物介绍

【知识概要】

一、事物介绍的原则

事物介绍是将一定事物的特征、特性、用途、来历等信息介绍给别人。在介绍事物时需要遵循以下原则：

（1）要注意用事实说话。恰如其分地介绍事物的真实情况，才能得到听者的认可。

（2）要注意简明扼要。“意真则简”，用最经济的语言反映最丰富的内容，简捷明快地传递信息。

（3）要注意语言的艺术性。介绍的语言要有形象性和实感性的特征，避免抽象、干瘪，力求形象、生动。

二、事物介绍的主要形式

1. 产品、商品介绍

产品、商品的介绍往往是在销售过程中以对话的方式进行的。介绍产品、商品，就是对产品、商品的特征（即介绍的是什么）、功能（即介绍的产品、商品能做什么）、用途（该产品、商品能满足什么需求）进行口头说明。这是推销活动过程中举足轻重的一环。俗话说，好货还得凭吆喝，介绍用语是否恰当与销售成败密切相关。

在介绍产品、商品时要注意以下几点：

（1）实事求是——要求介绍者在具有广泛商品知识的前提下，对产品、商品，包括用料、工艺、性能、质量、售后服务等都要作如实有效的说明，以保证企业、商家的信誉和消费者的利益。

(2) 通俗易懂——尽可能用简洁、平实的语言清楚明白地介绍产品、商品,避免使用专门化的行业术语,可以使用一些形象具体的比喻,给人以深刻的印象。

(3) 识别反馈——在介绍产品、商品的同时,不能只顾自己滔滔不绝地介绍,还要察言观色,及时注意听者的反应,以调整自己的介绍内容与方法,取得令人满意的效果。

总之,在介绍产品、商品时要因人、因时、因物而异,讲究灵活机动,突出重点。

【示例评析】

(示例1)

在某电脑城的一个柜台前,一位营业员在向一位60多岁的老年男子介绍一种名叫“汉王文本王”的新产品:

顾　客:先生,我想买一台可以自动打字的机器,因为我不懂拼音打字和“五笔”打字,给我的文字工作带来困难。请您给介绍一下,哪一种效果好?

营业员:老先生,目前市场上汉字录入的机器有好几种,但我建议还是买最新推出的一款“汉王文本王”吧,它是目前国内效果最好的汉字处理的机器。

顾　客:用这种“汉王”,真的可以自动打字吗?

营业员:对啊。这款“汉王文本王”是专门为解决大量资料输入电脑而设计的。只需要按一个功能键盘就能将整页资料“复印”到电脑里。还能够将资料进行编辑、排版呢。因为具有这样的神奇功能,这项技术还获得了国家科技进步奖。

顾　客:那么“复印”过去的文件、资料还能修改吗?

营业员:那当然。“汉王”能够将整页文字资料一键输入WORD,在瞬间转换成可编辑的电子文档,每分钟可输入6000字,还可以提取文件中的红头、图章等,轻松实现对文件的编辑和引用,大大减轻了打字的劳动,提高工作的效率。

顾　客:输入电脑的文档还能恢复原稿版式吗?

营业员:行啊,“文本王”有一种独特的版面还原技术,能将原有的版面在电脑中原样再现,完全像复印机一样,就不需要重新排版了。

顾　客:我有个数码相机,平时喜欢用来拍点资料,那“文本王”能不能处理图片呢?

营业员:能!“文本王”还有一种照片识别功能,可直接把文字、表格从图片中抓出来,编辑引用,还能准确识别不可复制的网页中的文字,轻松地摘抄文字精华。

顾　客:听您的介绍,“文本王”果然简便好使,我就买一台吧,以后就不愁不会打字排版了。

〖评析〗

这位营业员的介绍,适合特定对象,内容客观、翔实,语言平实、通俗,没有过多的专业术语,简明扼要地讲清产品的功效,为顾客作了很好的导购。

(示例2)

在某商场的洗衣机销售柜台,出现如下一幕:

一位顾客在商店对一台进口的全自动洗衣机很感兴趣,可是他的同伴却说:“太贵了。”接着又说:“进口的机器坏了不容易修理,零件也没有国产的好配。”等等。这位顾客有了一点犹豫的神情。

这时,营业员说:“进口的机器确实贵于国产的机器,而且零件也没有国产机器好配。但是,第一,进口机器耐用,寿命比一般的国产机器高出近两倍;第二,它全部用电脑控制,比国内的电脑更先进、更准确;第三,它的外形美观漂亮,小巧玲珑,占的空间不大;第四,这台机器的生产厂家在国内各大城市已经设了专营维修配件的服务部,还保修一年。”

结果,这位顾客高兴地买下了这台全自动洗衣机。

〖评析〗

顾客在观看和选购商品的过程中,常常会对商品提出各种各样的看法和意见。这位营业员在这里实际上是顺水推舟,先抑后扬,站在顾客的立场权衡利弊得失,实事求是地介绍商品。这样,顾客就不会认为营业员是在“王婆卖瓜”,因此欣然买下了商品。

(示例3)

某文物商店内:

一位外宾在一幅古画前留连驻足。营业员马上上前攀谈,并且十分在行地介绍。外宾听了兴味盎然,准备买下。这时营业员告诉他这幅画不是真品,而是仿制品。外宾听了大失所望。这时,营业员又说了:“真品只有一幅,为国家珍藏。仿制者是原作者的得意门生,仿制品不仅几可乱真,而且仿中有创,用中国的一句名言,叫做‘青出于蓝而胜于蓝’。何况,仿制者本人也是高手,他的作品也是艺术珍品,也具有收藏价值。”

外宾于是高兴地花了数千元买下了这幅画。

〖评析〗

在商品介绍中,介绍者要充满信心和热情,最重要的不在于说了什么,而在于听者相信了什么;不在于告诉顾客商品如何完美无缺,而在于让顾客了解商品有什么适合其需求的好处。过分地渲染和夸大商品的优点,只能引起人们的反感。显然,上面这位营业员的介绍就做到了这点。

【模拟训练】

〖训练题1〗

假如你是某餐厅的服务员,你如何向不同的客人介绍你们餐厅的菜肴?

〖训练题2〗

顾客要买进口品牌的电视机,但是商场正好断货,而商场另有一款质量不错的国产电视机,性能与顾客需要的差不多,你如何作介绍?

〖训练题3〗

向你的朋友介绍你现在所学习的专业。

2. 环境景点介绍

【知识概要】

环境景点介绍实际上是一种导游语言。它在向游客景点特点讲解、传播知识和交流情感方面起着重要的作用,富有艺术魅力的导游语言能够使游客获得较高层次的精神享受。

环境景点介绍包括自然景观的介绍和人文景观的介绍。自然景观介绍要把握和发掘自然景观的形态和内涵特征。人文景观是人类长期从事劳动实践和创造的成果,在介绍时要重点体现人文景观在社会、历史、文化、艺术、民俗等方面的欣赏价值。

环境景点介绍应注意以下几点:

(1) 正确性——在介绍环境景点时必须以客观存在为依据,必须建立在自然界或人类社会客观现实的基础上,可靠、准确才能令人信服。

(2) 逻辑性——在介绍环境景点时,语言要符合思维的规律性,即将介绍的内容或以空间为序作横向介绍(按方位、内外、主辅的顺序),或以时间为序作纵向的介绍(按历史沿革、今昔变迁的顺序),逐层递进,脉络清晰,富有连贯性和层次性。

(3) 生动性——恰当地运用摹形绘声的描述性语言和幽默诙谐的语言,使对环境景点的介绍变得生动有趣,让介绍的内容深深地印在游客的大脑中。

在环境景点介绍时,可以恰当地运用各种方法,如:

陈述法——根据环境景点的顺序、按照所述事件的来龙去脉进行系统介绍的一种方法。

情景法——在环境景点介绍时,由景及情、借景抒情、引出话题的一种介绍方法。

类比法——通过用游客熟悉的事物同眼前的事物进行比较,达到以熟喻生、触类旁通的一种介绍方法。

悬念法——在介绍环境景点的过程中,介绍到关键时刻,故意收住话题,引而不发,使游客产生急于了解下文的迫切心理,从而起到"欲擒故纵"的效果。

除此之外,还有诸如虚实法、问答法、渗透法、意境法、重点法等,还可以综合运用各种介绍方法。

【示例评析】

(示例1)

下面是导游对外滩的一段介绍:

外滩,简单地说就是过去上海老城厢外的一块芦苇丛生的荒滩地。1840年,鸦片战争以后,紧锁的国门被殖民者的洋炮轰开了,上海被迫辟为商埠。从那时起,各式各样的西洋建筑随着殖民者的抢滩而纷纷耸立,至20世纪的30年代,上海已经从海滨的小镇一跃而成为远东最大的都市。

各位请看,新外滩2号的建筑,过去是远东闻名的英国总会,是一座典型的英国古典式建筑……新外滩12号以前是大名鼎鼎的"汇丰银行",该建筑建于1923年,属于古希腊式的圆顶建筑……紧邻12号的是……

〖评析〗

导游用生动的语言,对外滩的来历、外滩的建筑作了细致的描述,一方面显示出外滩享有"万国建筑博览会"之美称当之无愧,另一方面让游客从外滩的历史变迁看到了中国人民的创造和智慧,同时也从侧面表现出西方殖民者对中国的侵略与掠夺。这段介绍词做到了中心突出,层次清晰。

(示例2)

下面是导游带领游客游览浦东陆家嘴中心绿地时所作的环境介绍:

各位游客,现在我们来到了有"都市绿肺"美称的陆家嘴中心绿地。它位于陆家嘴中心地区,绿地草皮面积达6.5万平方米,是目前上海最大的开放式草坪。绿草丛中蜿蜒伸展的道路，勾勒出上海市花白玉兰的图案；中央那碧水盈盈、锦鲤欢泳的中心湖，呈现出浦东地图的板块形状；湖中玉龙腾空的喷泉，令人叹为观止；湖畔点缀着海螺形状的白色观景篷，正好像“青玉盘中一银螺”。

大家环视四周，一定注意到了绿地周围那一幢幢高耸云天、造型各异的高楼。改革开放以来，浦东的发展日新月异，幢幢现代化的高楼如雨后春笋般地出现在陆家嘴这块黄金宝地上。

请看，那幢由多个几何体构成、形似中国古代“布币”的是中银大厦，那幢H形造型的双塔楼建筑是交银金融大厦，那幢印度红花岗石贴面、顶楼呈皇冠形的是世界金融大厦，那幢蓝绿色玻璃幕墙、顶部设计成燕尾状的是华能联合大厦……在这片现代化高楼建筑群中，知名度最高的就是这幢高88层、外观像中国密檐宝塔型的金茂大厦了，这是目前中国大陆第一、世界第四的高楼。下面我就为大家重点介绍一下金茂大厦……

〖评析〗

导游在将景区概况、景点知识了然于心的情况下，对介绍的内容进行必要的归纳、提炼，既有整个景区的全面介绍，又有景区中代表性景点的介绍，避免了面面俱到、平均用力的弊端。上面的这段导游词，就介绍了陆家嘴景区里的重点景点，即中心绿地和周围高楼中最具代表性的金茂大厦，做到了在有限的时间里，给游客以最深最佳的印象和感受。

(示例3)

下面是杭州断桥的一段介绍：

……讲到这里，或许有的朋友会问：这座桥根本没有断，为什么要取名“断桥”呢？

（游客们纷纷议论起来，过了几分钟，导游笑着继续介绍）

这个问题就由我来解答吧。

断桥是著名的西湖十景之一。由于断桥所处的位置背城面山，处于北里湖与外湖的分水点，视野开阔，是冬天观赏西湖雪景最好的地方。每当瑞雪初晴，桥向阳的一面已经冰消雪化，而背阴的一面却还是白雪皑皑，远远望去，桥身似断非断，“断桥残雪”就因此得名。还有断桥，又是白堤的终点，从平湖秋月延伸而来的白堤到此中断。

现在，或许大家已经明白，原来是“断桥桥不断”。

〖评析〗

对于景点的来历，游客不知道或者知之甚少，导游适当的提问可以激发他们的参与性，提高旅游的兴趣和愉悦心理。在这里，导游对断桥来历的介绍方法正是注意到了这点，先提出问题让游客有一个思考的过程，然后再公布正确的结果。这样，游客们对断桥的来历一定会深记心中。

【模拟训练】

〖训练题1〗

有外校的老师来到你们学校参观，假如你是学校的学生代表，你将如何为他们介绍你的学校？

〖训练题2〗

在你生活的小区、学校附近的某一公园景点或你熟悉的大型市政设施中选择一处向同学作介绍，并且听听同学对你的介绍所作的评价。

〖训练题3〗

当一回导游，试对上海的东方明珠景点作一番介绍。然后自我评价是否符合环境景点介绍的基本要求，运用了哪几种介绍方法，效果如何？

第五章　咨　　询

【导学提示】

孔子曰:“三人行,必有我师焉。”在我们的日常生活中,我们总会遇到各种各样的疑难问题,总免不了要向他人询问;而有时,我们自己也可能作为被询问者进行答疑。这种有“询问”和“答疑”的口语交际过程,就是咨询的过程。而咨询能力的高低,也直接影响着人与人交流沟通的效果以及办事的效率。那么如何经过有效训练,提高咨询的口语交际能力呢?首先应了解有关咨询的基础知识,了解咨询过程中强调语言的得体、尊重对方、提供专业服务等基本要求以及礼貌待人、耐心倾听、灵活应变等基本技巧等。然后,理论指导实践,大胆运用所学的咨询相关基础知识及选用恰当的解说方式进行情景模拟训练,体会“得体语言”的使用过程。不求面面俱到,只求练有所得,从而较好地掌握咨询的基本技能。

第一节　询问与答疑

一、询问与答疑的概念及要求

【知识概要】

咨询是一种为人排忧解难、提供难题解答的语言交流活动。它往往包括“询问”和“答疑”两个方面,是一个双向互动语言交流过程。

作为“询问”者,要懂得求教时保持虚心的态度,称呼得当,设问要简洁明了,条理清楚;作为“答疑”者,要友好接待、耐心倾听、准确作答。一般情况下不可答非所问,除非是一些需要避讳的问题。

【示例评析】

(示例1)

王小彤的妈妈在小彤生日这天给小彤买了一个新MP3,小彤按说明书给新MP3充好电后,满心欢喜地想听歌时,却发现MP3根本没反应,她折腾了好久也无济于事。无奈之下,小彤只好拿着MP3到商场进行咨询。以下是他们的咨询对话:

小　彤:阿姨,你好!

营业员:什么事?

小　彤:我妈妈昨天在这儿买的MP3,怎么不能用啊?

营业员:那你肯定是忘了充电了。

小　彤：没有啊。我充过了。

营业员：那怎么会呢？肯定是你操作有误。

小　彤：我是按说明书操作的呀！

营业员：那你发票带了吗？

小　彤：哎呀，我忘带了，怎么办？

营业员：那我没办法，这只能怪你自己。

小　彤：我从很远的地方赶来，麻烦你帮我看看，好吗？

营业员：这我没办法，我得按规定办事，我还忙着呢，别影响我工作。

〖评析〗

小彤的咨询活动显然是以失败而告终。究其原因，一是，营业员态度不够热情，没有使用礼貌语；二是，不能耐心倾听询问者的要求，总是主观臆断，先发制人；三是，不能根据实情，灵活应变，提出合理的建议。

(示例2)

小王在电信公司申请了一个小灵通套餐，他对其中赠送10分钟IP长途电话业务的相关事宜不甚明了，于是他到电信公司进行咨询。以下是他的咨询过程：

小　王：有关小灵通的事是在这里咨询吗？

营业员：是的，先等一会，我还忙着呢。(稍后)你有什么事吗？

小　王：我上个月无意间看到你们的一张宣传资料，我对其中的一个小灵通业务很感兴趣，我就让我妈妈来帮我申请。我妈妈一开始不答应，后来在我的努力下，终于答应了。上个星期申请好了，前天已经开通了。

营业员：那怎么样呢？

小　王：这个小灵通总的来说挺好用的，就是有时听不太清楚。

营业员：那可能是信号不太好。

小　王：可能吧！

营业员：你还有事吗？

小　王：有，我想问一下套餐中赠送的10分钟IP长途电话怎么用？

营业员：你申请的什么套餐？

小　王：全家乐套餐。

营业员：全家乐套餐的IP电话是拨17×××+区号+对方号码。

小　王：这个我知道，我想问的是它怎么收费。

营业员：那你把话说清楚呀！都像你这样，我们不要累死了。10分钟之内是免费的，10分钟之后每分钟收取9分钱长话费，外加市话费。

小　王：噢！(转身走)

〖评析〗

又是一次失败的咨询。作为询问者的小王在咨询开始及结束时都未使用敬语及礼貌语，这是不妥的；而且他一开始提问语不够明了，前面的一段叙述没有必要。而作为答疑者的营业员待人不够热情，未礼貌待人，在答问过程中尊重对方不够；部分答问语使用不当。

【模拟训练】

〖训练题1〗

以下是小李去银行咨询有关存钱事宜的过程,请你找一个同学和你一起模拟给大家看。

银行职员:(起立)您好,请问您办理什么业务?

小李:您好,我想问一下怎么存钱?

银行职员:请问您身份证带了吗?

小李:哎呀,没有。

银行职员:那请您改天将身份证带来,先填一张存款单,然后拿一张序号条,到相应的窗口办理,就可以了。

小李:好的,谢谢!

银行职员:不客气,欢迎您下次再来。

〖训练题2〗

上星期天妈妈让你到邮局咨询了有关订《青年报》的事,你能把当时的咨询过程展示给同学们看吗?请同学们从咨询活动的基本要求出发,评议一下此次咨询过程的优劣。

(提示:此活动最好是你能到邮局实地演练一下,一方面可以检验一下自己咨询语的使用情况,另一方面可以实地体会一下工作人员咨询语使用的优劣。你作为询问者,首先要注意自己语言的得体,设疑要清楚。在咨询过程中,要尽可能记下工作人员的用语情况,以便你和同学分析、学习。)

二、询问与答疑的技巧

【知识概要】

询问与答疑的技巧大致有以下三点:

1. 礼貌待人,规范用语

俗话说"好言一句三冬暖,恶语一出六月寒"。礼貌待人是对他人的尊重,是自我素养的体现,也是拉近人与人之间距离的纽带。首先要注意使用得当的称呼。例如:先生、女士、大妈、老伯,以及"您好、请、谢谢、对不起、没关系、再见"等敬语、谦语。同时,还要注意用语规范、得当,这是使咨询顺利进行的有效保证。

2. 耐心倾听、专业作答

在咨询过程中,能真正帮助"询问者"答疑解难的,除了礼貌待人、规范用语外,还要注意耐心倾听,准确抓住询问者的"疑点"所在,依靠过硬的专业知识,给予有效回答。否则,即使你态度再好,若一问三不知,还是没法得到询问者的认可的。

3. 准确释疑,灵活应变

俗话说"大千世界无奇不有"。在我们的咨询活动中,我们本着服务周到的原则,应该是有问必答。但我们碰到的咨询对象在兴趣、习惯、要求等方面都各不相同,所以我们不可以"一视同仁",而应该在运用专业知识准确作答的同时,还要掌握灵活应变的原则,根据具体情况,针对不同的询问者,"投其所好",采用不同的回答方式。

【示例评析】

(示例1)

银行柜面服务人员规范用语。

(1) 柜面人员在服务中应首先用普通话问候客户:“您好,您需要办理什么业务?”

(2) 客户办理不需要提供相关证明、资料的业务时,应说:“请稍候。”

(3) 客户办理需提供相关证明、资料的业务时,应说:“请您出示……”禁止说:“把手续给我。”

(4) 客户提供资料不全时,应说:“对不起,根据规定办理这项业务还需要……请您把资料备齐,我再为您服务。”禁止说:“资料不全,回去把资料带齐再过来办。”

(5) 客户进行咨询时,你应该说:“您好,您想了解什么?”然后准确解答客户咨询。禁止说:“外面有,你自己去看。”

(6) 客户进行咨询,若询问的内容自己不太清楚时,应说:“对不起,请稍候,让我请示一下负责人。”禁止说:“我不知道,找别人去。”

(7) 当客户对凭证有疑问时,应说:“您有什么疑问,我来为您解释。”禁止说:“这是电脑打出来的,怎么会错?”

(8) 客户向自己表示歉意或谢意时,应说:“没关系,这是我们应该做的。”

(9) 客户道别时,应说:“欢迎您再来。”

〖评析〗

俗话说“没有规矩不成方圆”。以上只是列举了银行柜面服务人员部分规范用语情况。其实,在各行各业都有自己的规范用语,比如营业员的十字用语等。因为只有这样,才能做到规范服务,才可能提高服务质量。

(示例2)

银行职员:您好,请问您办理什么业务?

小张:我想缴电费,刚搬进新房子,不知道怎么缴。

银行职员:好的,缴电费可以办银行存折或银行卡,这样每月自动扣款,您不必每月都跑银行,也可以用现金缴费,不知您愿意用哪种方法?

小张:我还是用现金缴吧。

银行职员:好的,请问您带电费单子了吗?

小张:带了,给你,这是钱。

银行职员:(双手接过)这里是200元。(办理业务后,将代收款业务收据和找零交给客户)请拿好,这是收据,这是找您的钱,请您核对。

小张:不错的,谢谢!

银行职员:不客气,欢迎您下次再来。

〖评析〗

这位银行职员首先主动询问了客户的需要,注意了文明礼貌、规范用语,然后耐心倾听客户的要求。当明白了询问者的“疑点”后,马上利用自己过硬的专业知识,给予询问者满意的答复。试想,如果答疑者自己也不清楚此项业务的办理方法,即使态度再好,恐怕也是心有余而力不足了。

（示例3）

一天，某储蓄柜台前来了一位中年客户，他急急忙忙地要办理小额抵押贷款业务。中年客户嗓音很大地说："同志，我要办抵押贷款，怎么办理？请快点。"柜员说："好的，这是您要填写的申请表，请填好后给我。"说完，就转身为其他客户办理业务。中年客户便大声吼道："要填这么多东西，你也不解释一下，把我晾在一边？"柜员轻声地说："上面都写着呢，你自己可以看清楚。"中年客户说："你帮我填吧，我看不懂。"柜员不耐烦地说："对不起，我不能帮你填，这是规定。"中年客户生气地说："什么态度！你们领导在吗，我要投诉！"这时另一柜员微笑着走过来说："有什么事，请跟我说吧。"中年客户大声地说："我来办贷款，不会填表，这位柜员不肯帮我填，还一副爱理不理的样子。我还有很急的事要办，快来不及了！"柜员耐心地说："这样，我来帮你填表，你签字确认，可以吗？"随即又补充道："申请贷款需要一定的时间，请稍等一下。"客户高兴地说："好，好，越快越好。"

柜员在20分钟左右的时间里为中年客户办好了此笔贷款业务，使性急的客户满意而归。

〖评析〗

前一名柜员在办理业务过程中，他的回答并无恶语，操作也还专业。但之所以激怒了客户，与他服务不够规范、到位、灵活有直接关系。客户请他帮忙解释申请表，他竟说"上面都写着呢，你自己可以看清楚"。这是服务语言大忌。客户请他帮忙填写，他依仗"规定"根本不予考虑，断然回绝。他虽用了致歉语，但依然使人觉得非常生硬。而后一位柜员，意识到了这位客户是一个性格外向、直爽、容易急躁的人，在同等情况下，急客户所急，采用了准确释疑、灵活应变的方法，终于使客户满意而归。

【模拟训练】

〖训练题1〗

小雨是班级的生活委员，老师让她把500元班费存到银行去。可是小雨从未办理过此项业务，如果她向你咨询，你能给予她一些解答吗？请你和你的同学一起做一个模拟练习。

（提示：小雨是咨询中的询问者，首先要注意使用好敬语，例如：请问，我想存500元钱，该怎么办理？其次，要了解自己的疑问所在，询问清楚。而"你"此时是咨询中的答疑者，你首先要态度热情，礼貌待人；其次，要能耐心倾听询问者疑问的所在，有针对性地提出建议；最后，也是最关键的一步，你要了解有关储蓄的基本知识，以免答非所问。）

〖训练题2〗

你有网上购物的经验吗？假设有朋友向你咨询网上购物的有关事宜，你将怎么解答他的疑问？如果你有这方面的经验，请你毫无保留地讲给朋友听；如果没有，请你查阅相关资料后，讲给朋友听。

〖训练题3〗

班级准备组织大家到杭州作两日游，老师派你到旅行社去咨询有关事项。你打算怎么提问？请尽量设置一些疑难问题，请旅行社的工作人员进行解答。请你邀请一个同学做模拟练习。

第二节 解 说

【知识概要】

我们说咨询的过程主要是"答疑者"给"询问者"解惑释疑的过程。那就要求"答疑者"能对"询问者"的"疑点"利用专业知识,用规范的语言做清晰明了的解说。否则,你专业知识再多,专业水平再高,若"茶壶里煮饺子",心里知道,说不出来,或说不清楚,对"询问者"来说,都是无益的。因此,我们有必要掌握一些常用的解说方式,以便顺利、高效地完成咨询活动。

常见的解说方式有下列几种:

一、诠释性解说

当"询问者"就有关事物的名称、概念等向"答疑者"进行咨询时,"答疑者"往往要用诠释性解说方式进行回答。常用下定义的方法与判断句式,概括地说明事物的特点。例如:饭店服务员解说菜的特点;营业员解说新商品的特性;银行职员向储户介绍各种储蓄品种的特点、收益等 ,都要用到诠释性解说。

二、阐明性解说

当"询问者"对一些事物的了解不仅仅局限于概念而是想了解事物的具体情况时,"答疑者"往往要使用阐明性解说,即对事物的起因、来历、特性、原理等作出具体的阐释、分析。

三、描述性解说

顾名思义,描述性解说就是运用比喻、拟人等修辞手法,通过描摹、拟声、绘色等手段,把陌生事物与抽象的道理解说得具体、生动、形象,使人易于感知。

【示例评析】

(示例1)

顾　客:营业员,您好!最近我朋友买了一台"DVD",我想请问一下,什么叫"DVD"?

营业员:您好!"DVD"影碟机是英文 Digital Vidiol Disc 的缩写形式,用中国话说,就是具有数字化信号的可以播放高品质影音碟片的激光影碟机。

〖评析〗

在以上咨询中,营业员凭借扎实的专业知识,用诠释性解说非常清楚地回答了顾客的提问。

(示例2)

心理咨询者:请问张博士,究竟什么是心理辅导?

张博士:在国外念书的时候,我巴不得去找心理辅导员,不要钱呐,等进入社会,去找心理医生,很贵的,每小时 80 美金。在国外看心理辅导是很正常的事情,在国内我们当作是一种病态,有毛病才会看。所以,常常听到一些不好的词汇,像"病态的心理"、"病人",我一听到这些词就很难受。这种观念要改变。从1960年开始,心理辅导已经转向为正常人服务,为健康人服务。每个人都会遇到人生的坎坎坷坷。我认为心理辅导就是——在困境中,有人陪你一起度过。

〖评析〗

张博士在解说"什么是心理辅导"时,虽没有采用下定义的方法,但还是很好地抓住了心理辅导的特点、作用,进行了诠释性解说。

(示例3)

(甲) 一天,"相对论"的发明者阿尔伯特·爱因斯坦的学生问老师,到底什么是"相对论"?爱因斯坦为了使更多的人更好地理解相对论,他沉默了片刻后说道:"一位先生和一位漂亮女孩在一起呆上一小时,他会感觉像一分钟;但如果让他在火炉上呆上一分钟,他会感觉像一小时。这就是相对论。"从此,这个解说广为人知,流传至今。

(乙) 有一个孩子发高烧,医生给他验血后说:"你的白血球太高了,体内一定有地方发炎。"孩子不懂,就问:"白血球是什么东西?"正巧,科学家高士其在场,他就告诉孩子说:"人的血液中有红血球与白血球,红血球好比一个国家的老百姓,白血球只保持一定的数量;白血球多了,说明'国家'不稳定,有敌人来侵犯或国家内部发生动乱,于是大批军队就出来抵抗入侵的敌人,警察就来平息动乱。人身上长包或发炎化脓,这脓就是在和细菌作战中壮烈牺牲的白血球!"

〖评析〗

"相对论"、"白血球"对一般人来讲,都是一个不大好理解的概念,但爱因斯坦、高士其都很好地采用描述性解说,非常生动形象地解说出了这些科学知识最核心的内容。

(示例4)

《话说运河》中有这样一段解说词:"从地图上粗略地看,长城跟运河所组成的图形是非常有意思的,它正好是我们中国汉字里的一个既简单又重要的字眼'人':人类的人,中国人的人。长城是阳刚、雄健的一撇,而运河不正是阴柔、深沉的一捺吗?"

〖评析〗

这段解说词,对长城、运河这两个实体,主要采用了描述性解说,使听众对长城、运河的形状有了生动、形象的了解。

【模拟训练】

〖训练题1〗

请你选择你所熟悉的某个物品,比如MP3、文曲星、掌上电脑、新款手机等,向你的同学作解说。注意说清品牌、形状、功用、特点、使用方法、保养维护等知识,其他同学可对你的解说是否具体、准确、生动作出评价。

〖训练题2〗

模拟某中等职业学校招生咨询会的情景,以该校参与咨询活动的学生代表的身份,就前来咨询的学生、家长提出的关于你校的专业设置、学习课程、技能专长、毕业去向以及填报志愿的方法等问题,作出简明的解说。

〖训练题3〗

如果你是一家宠物店营业员，有顾客来咨询关于办理家养宠物许可证、接种疫苗以及日常饲养方法等问题，请你向顾客作出解说，使他（她）满意而归。

第六章　推　　销

【导学提示】

现代社会充满了竞争。商品流通、劳务交流、甚至人际交往,无不需要推销,推销已成为推进社会进步和经济发展的动力。在激烈的市场竞争中,企业要想获得成功,就得选择与采用得当的推销方式、技巧与策略把商品顺利地销售出去。即使企业的产品质量上乘,价格合理,销售渠道畅通,若推销不力,消费者也不能很好地认识或理解其商品。过去那种“酒香不怕巷子深”的经营观念即将被“好货也要靠吆喝”的新理念所替代,因为没有成功的推销,顾客对商品陌生或冷淡,就意味着企业已作出的种种努力将前功尽弃。

所谓推销,就是采用一定的促销方式与技巧,向消费者介绍商品,引导、启发、刺激消费者产生需求欲望,促使消费者购买某种商品。在推销活动中要求推销人员与消费者进行面对面的口头洽商,辅之以演示,对用户提出的问题能及时回答和澄清,最终说服消费者,这就要求推销人员具有敏锐的观察能力、正确的理解判断能力和劝说鼓动能力。学习推销的基本知识,创设情境进行模拟训练,增加推销语言实践,是掌握推销技巧、提高推销能力的必要途径。

【知识概要】

一、推销的基本要求

推销人员在推销活动中要文明礼貌、诚信无欺、谦恭自尊,而更为重要的是掌握精巧的推销语言。在运用推销语言时要注意以下几点:

1. 要言之有礼

例如:“劳驾您”、“请教”、“打扰”、“多包涵”等。

2. 要充满情感

例如:“请您等一下好吗?”与“等一下!”相比就柔和一些;“您要看什么,我给您拿,不买也没关系。”与“买什么?”相比也热情得多。

3. 要通俗易懂

具体要求:一是要会说普通话;二是会听、会讲一些地区性的方言;三是介绍商品时少用或不用商品专业术语,如不如把“聚苯乙烯拖鞋”说成“塑料拖鞋”。

4. 要表达恰当

具体要求:一是用词准确、贴切。例如:顾客决定购买衣服,推销员问“要男的还是要女的”,像这种问话用词就不够准确、贴切,应该说“请问您是要男式服装还是女式服装?”。二是要注意语言感情色彩的选用。例如:“我这种服装,像你这样的胖子穿最合适了”,其中的“胖子”就带有贬义,而改用“较壮实的人”或“较丰满的人”就含有褒义。

5. 要言简意赅

就是用最少的词语表达出最大的信息量。例如:顾客问:“有好酒吗?”应该答:“有。”顾客问:“有哪些名牌?”应该答:“茅台、五粮液、剑南春、杜康、古井贡酒都有。”如果回答:“好酒多的是,不知您是要白的还是红的?是要高度的还是低度的?要进口的还是国产的?”这就显得太罗嗦。

6. 要投其所好

就是在介绍商品时,要针对不同顾客的心理,突出介绍商品的某一特点。例如:推销布料,对中老年人可以说“这是上海货,名牌产品,布幅宽、厚实、耐用、价格便宜”,因为中老年人恋旧求实;对青年人应该说“你真有眼光,这种料子非常流行”,因为青年人求新求美。

7. 要真实可信

一般说来,顾客对推销人员总有一种偏见,认为推销员是些要嘴皮子、投机渔利的奸商。因此,推销人员应该通过自己的言谈举止消除顾客的戒备心理,以获得顾客的信任。要慎用幽默,说实话、表真诚才是赢得信任的最佳方法。

二、推销的方式与技巧

推销是传递商品信息、说服顾客购买的过程。推销的成功与失败,全在于推销人员在这一过程中根据具体情况运用不同的推销方式与技巧。

1. 接近顾客

接近顾客是指推销人员直接与顾客发生接触,以便成功地转入推销洽谈。常用的方式与技巧有:

(1) 搭讪接近。即有意找话说,以接近顾客。例如:

“今天天气真不错啊!”

“劳驾您把报纸借给我看看。”

“哎哟师傅,看你累得一身汗,让我来帮你一把。”

(2) 赞美接近。即通过夸奖、恭维取悦对方,达到接近的目的。例如:

“您老红光满面,身体真好!”

“您的孩子长得真漂亮!”

“您气质真好,一看就知道是老师!”

(3) 征询接近。即用谦逊的语气,向对方求教,达到接近的目的。例如:

“小姐,听说你对化妆品很有研究,请问现在女孩子最喜欢什么牌子的化妆品?”

“大伯,您老觉得刷墙用哪种涂料好?”

(4) 正面接近。即开门见山,通过自我介绍或他人介绍接近对方。例如:

“王经理,您好!我是长江电器公司销售部的业务员,我希望能和您谈谈我公司的新产品,您看行吗?”

2. 宣传商品

宣传就是用语言对顾客进行直接或间接、积极或消极的提示,促使顾客购买。在使用语言宣传时,要针对顾客的心理,灵活地选用下面几种方法:

(1) 愉悦提示。即通过令人愉悦的语言诱发人的美好联想,使其购买产品。例如:

"初恋的酸梅汤,两毛钱一杯!已尝过初恋味道的,喝一杯可以找回甜美的回忆;正在尝的,请比较比较味道如何;没有尝的,更应该尝尝!"

运用这种方法应把握分寸,讲究艺术性。

(2) 明星提示。即借助明星来说服顾客购买产品。例如:

"这是李宁牌运动服,要穿就穿名牌。"

"我们这种古井贡酒,聂卫平最喜欢喝。"

使用这种方法时要注意所举名人应为大家所熟悉。

(3) 性能提示。即介绍产品独特的功能和特点,吸引顾客。例如:

"一般来讲,你们女孩子既喜欢吃小食品又怕发胖,我们这种珍珠陈皮的配料有桔皮、珍珠、二钛糖、食盐,经过加工味道很好,吃了以后能保持面部红润,身材苗条,另外我们用袋装小包装,吃起来方便。"

(4) 利益提示。即说明购买、使用该产品后的好处,打动顾客。例如:

"我们厂生产的小型拖拉机,既可以用于农业生产,也可以搞运输,两个月就能收回全部成本,一年就可赚两万多元呢!"

(5) 对比提示。即通过对同类产品价格、质量等方面的对比,使顾客在比较中坚定购买信心。例如:

"张经理,我们公司的产品在价格上可以说是同类同质产品中最便宜的,我这里有几张价目单,您可以看看。"

3. 处理异议

顾客异议是指顾客针对推销人员提示或演示的商品或劳务提出的反面意见和看法,处理顾客的异议是推销的重要组成部分。推销人员必须认真分析顾客异议的类型及其主要根源,然后有针对性地使用处理策略。常用的处理方法有:

(1) 预防法。即推销人员为了防止顾客提出异议,主动抢先提出并进行适当答复。预防法可以使推销人员争取主动,预先解除顾客疑虑,促成交易。例如:

"我们产品的价格可能比别人贵,因为产品的功能多、质量好,我们是按质论价。另外我还告诉你一个情况,由于原材料紧俏,这种产品可能还要涨价呢!"

使用预防法,要求推销人员必须广泛搜集资料,及时掌握顾客的心理变化和行为反应,看准时机将说服和商品信息传递结合起来,使顾客感觉自然合理。

(2) "但是"法。即推销人员先附和顾客异议,承认其见解,然后再用有关事实和理由婉转地排除异议。例如:

顾客说:"我不需要这种东西。"

推销人员可以说:"是呀,许多顾客开始时都认为自己不需要,但是,当真正了解了这种产品的用途以后都改变了看法。"

此法在使用中已形成一种模式,即"我非常了解您的感觉,许多顾客以前购买时也和您一样,但他们在使用以后就发觉……”。

(3) 利用法。即推销人员将顾客异议正确的一面变为劝顾客购买的理由。例如:

顾客提出:“这件衣服的颜色太艳了!我们老太婆穿不出去。”

推销人员可以说:“现在服装观念是‘青年新潮,中年华贵,老年艳丽’,老年人穿艳一点,显得有精神。”

使用这种方法时要就事论事,用顾客的观点来说服顾客,还要掌握好语气,不要让顾客觉得你是在钻空子,耍嘴皮子,从而伤害其自尊心。

(4) 补偿法。即推销人员利用商品的其他优点来补偿或抵消有关异议。例如:

顾客说:“没有保修服务,我不敢买。”

推销人员可以说:“是的,我们对这种产品虽然不保修,但是我们的产品质量好,使用寿命长,只要您试好选好,保证不会有质量问题,用不着修。扣除了产品保修费,价格所以就便宜。另外,我们的产品更新得比较快,等新产品出来的时候,您可以花少量的钱换一台新的。”

4. 达成交易

达成交易是顾客购买的行动过程。推销人员要熟练识别、掌握成交信号。例如:顾客眼睛放光、神色活跃、态度友好,反复查看样品、说明书,询问交货时间、交货方式,询问产品如何维修和保养、有无售后服务等等。出现以上情况时,推销人员就应及时运用一定的方法,刺激顾客的购买欲望,增强顾客的购买信念,顺利实现交易行为。达成交易的常用方法和技巧有:

(1) 请求成交法。即推销人员选择适当时机直接向顾客提出成交要求,促使顾客立即作出购买反应,达成交易。就是在顾客已通过语言或体态发出了成交的信号,或者是在听完推销建议后无异议的时候,推销人员应不失时机地说:

“既然您喜欢,就买吧!”

“您是我们厂的老客户了,还犹豫什么呢?可以订货了吧?”

(2) 假定成交法。即推销人员假定顾客已准备购买,然后问其所关心的问题,或谈及使用该商品的计划,以此促进成交。就是通过洽谈,发现顾客性格随和,并对推销品显露出兴趣,推销人员可以说:

“您看我什么时候把货给您送去?”

“这是订货单,请您在这里签个字。”

(3) 选择成交法。即推销人员断定顾客已具有购买信心而向顾客提供部分购买决策备选方案,并帮助顾客选择一种,从而促成交易。例如:

“您是想要大包装,还是小包装?小包装用起来方便些,我看你还是买小包装吧。”

“您认为A型好呢还是B型好?如果是孩子用,还是B型好。”

(4) 激将成交法。即推销人员运用一定的言语技巧刺激顾客的自尊心,使顾客在逆反心理作用下完成交易行为。例如:

“您是否要在征求过您先生的意见之后才能决定?”

此外还有保证成交法和优惠成交法。保证成交法即通过提供成交保证,如包修包换、定期检修、立即安装等,帮助顾客克服使用的心理障碍,促成购买。优惠成交法即利用顾客求实惠的心理,通过向顾客提供优惠条件,促使顾客立即购买。

当顾客确有难以当场解决的困难,比如需要上级批准,不能立即成交,这时应该留下后路,推销员可以说:“您什么时候来,我们都竭诚为您服务。”另外,推销结束,不论是否成功,都应礼貌告辞,不能因事成得意忘形或事不成垂头丧气,为了给此次推销划上圆满的句号,并为下一次打下基础,都应真诚地说:“多谢照顾”、“打扰您了”、“再见”。

【示例评析】

(示例1)

顾　客:“这车太贵了。”

推销员:“确实贵了点,不过它的刹车好,一个好的刹车对安全行车很重要。我们这种车比同样规格的其他牌子车贵36元,一辆车至少可以用10年,一年才3元6角,一个月才多花3角钱就可以买到一辆性能好、安全可靠的车。您是自己骑还是给孩子买?”

顾　客:“我给我上中学的儿子买。”

推销员:“男孩子骑车愣头愣脑,更需要一辆刹车性能好的车。”

〖评析〗

顾客提出了“这车太贵了”的异议之后,推销员并不和顾客争辩,而是先附和顾客异议,然后用“不过”一转,以强有力的事实和理由说明自己产品的长处。看到顾客有买的意思,立刻追问:“是自己骑还是给孩子买?”以此促成交易,最后站在顾客的立场上,为顾客考虑,提出购买建议。

(示例2)

顾　客:“这种包是真皮的吗?”

推销员:“不是的,是进口PU革的。可是它比真皮革还要轻巧耐用,价格要便宜一半。”

顾　客:“有没有浅色的?”

推销员:“我们不准备进浅色的,因为顾客普遍反映浅色的手提包不耐脏,而且现在正流行深色的。”

顾　客:那我就买个黑色的手提包吧。

〖评析〗

顾客提问即表示有疑问,推销员的回答很实在,先是同意顾客的判断,然后用“可是”转为对自己产品的长处的介绍。顾客的第二个问题也表明对推销品有异议,推销员利用消费者的从众心理,用大众的看法对异议作了反驳。

上面两例中推销员都善于观察、利用顾客心理,主动地站在顾客的立场上陈述利害,帮助顾客选择,满足顾客反复权衡利弊的心理需要,促使顾客拿定主意,达到交易目的。

(示例3)

推销员:您买这种载重4吨的卡车最合适。

顾　客:我不需要4吨的,根据我的业务情况,××公司的2吨小型卡车就可以了。

推销员:你们运的货,每次平均重量是多少?

顾　客:也就是2吨左右吧。

推销员:是有时候多,有时候少,对吧?

顾　客:是的。

推销员：一般老跑运输的师傅都知道，究竟需要哪种吨位的卡车，一方面要根据运输的货物，另一方面要看在什么路上行驶，您说是不是？

顾　客：对，不过……

推销员：假如您在丘陵地区行驶，而且是在冬季，这时汽车的机器和车身所承受的压力是不是比平常情况下要大一些？

顾　客：那当然。

推销员：你们冬天出车的次数比夏天多吧？

顾　客：一般来说，冬季是销售旺季，出车次数要多一些。

推销员：假如您的货物有时候超过2吨，冬天里在丘陵地区行驶，汽车不是经常处于超负荷状态吗？

顾　客：这倒是……

推销员：那么，在您决定购买多大吨位的卡车时，是否考虑到要留有余地比较好呢？

顾　客：……

推销员：从长远的观点看，我要是买车肯定要考虑使用寿命长短。

顾　客：那我也是，当然要看它能使用多长时间了。

推销员：一辆车马力小，总是满负荷；另一辆马力大，从不超载，您觉得哪一辆车使用寿命更长一些呢？

顾　客：那当然是马力大、载重多的。

推销员：所以，我认为您买载重4吨的卡车更合算。

〖评析〗

上例中的推销员向顾客推销载重为4吨的卡车时，顾客提出了“我不需要4吨的，根据我的业务情况，××公司的2吨小型卡车就可以了”的异议。分析这位顾客说的话，可以判断出他是有买车需要的，他提出异议可能是在争取对己更为有利的交易条件。因此，这位推销员很沉着地提出了8个问题，他的提问有两个特点：一是在提问中限制了顾客可能作出的回答，有意识地把顾客的思路引向自己所希望的答案上来；二是提出的问题能使顾客感到问者的诚意，心理上达到相融，感到不好意思拒绝，即使想拒绝，也会不由自主地改变主意，顺着问话人的意思回答。这位推销员不仅善于提问，而且采用了“循循善诱”的手法。“循循”就是有步骤地、耐心地从货物重量、行驶路况、出车季节、使用寿命等多方面诱导顾客思考，“诱”就是启发开导，“善”是“诱”得得当、巧妙，使顾客心悦诚服。这位推销员既懂业务又有推销技巧，他一定能把他的4吨卡车推销出去。

【模拟训练】

〖训练题1〗

在碰到下列问题时，你将如何回答？

(1) 顾客说：“价钱能不能少一点？”

(2) 顾客对推销现代化办公用品的推销员说：“我很忙，没有时间跟你谈生意。”

(3) 顾客说：“你们厂的空调器是中外合资生产的，听说一些零部件坏了，国内没有换的。”

〖训练题2〗

分析下面推销案例成功和失败的原因：

(1)（某餐厅，客人点完菜，推销员面带微笑走到适当位置站好，向客人行礼）

推销员：各位女士，各位先生，晚上好！我是圣泉集团的代表，今晚特向您推荐喜宝啤酒。喜宝啤酒是圣泉集团1998年推出的新品牌，它是由优质矿泉水和从国外进口的优质麦芽加啤酒花酿成，口感清爽，酒精度才2.9，而且价格适中，吃火锅喝清爽型的喜宝啤酒，您一定会满意。

顾　客：喜宝呀，早喝过了，都喝腻了。

推销员：是的，我知道各位肯定经常喝喜宝，它是我们省最有名的啤酒。

顾　客：老喝没意思，我们要换换口味。

推销员：看来大家是圣泉的老顾客了，我代表公司向各位表示感谢。其实，喝啤酒讲究的是它的口感，，好的口感理所当然来自优质的原料和科学配方以及一流的生产设备，喜宝啤酒就是根据大众口味配方生产的，今天我们是让利消费，大家可以用比平时便宜的价格，继续品尝你们长期信赖的喜宝啤酒。

顾　客：喝别的啤酒，每件甚至每瓶都有奖品，喜宝有没有？

推销员：喜宝啤酒可以说每瓶都有中大奖的机会，请大家看看我们喜宝啤酒“大赢家”的中奖详细介绍（双手把中奖介绍卡递给靠近身边和刚才提问的客人），虽然不可能瓶瓶中奖，但每喝一瓶就是一次机会，中奖嘛，当然带有一定的偶然性，喝得多，机会就多！

顾　客：听你这么说，我还真想试试，来一瓶喜宝，得了奖我和你平分！（开玩笑）

推销员：谢谢，我可真要沾您的喜气啦！好，不打扰了，稍后服务员小姐会为你们上酒……

(2)（相同的地点、时间，推销员开场白刚结束）

顾　客：喜宝假的多，我们不要。

推销员：大家请放心，我作为圣泉集团的代表，可以百分之百地向大家保证，喜宝绝对没有假的！

顾　客：我就亲口喝过假的！

推销员：这位先生，也许你那天身体有些不适，饮酒过程中感觉口味和平常不一样是吧，喜宝啤酒不可能有假的！

顾　客：怎么可能呢，我老喝啤酒的，真的假的，一喝就知道。

推销员：今晚我向你们推荐的喜宝绝对正宗，请大家放心地品尝。

顾　客：不用了，我已经点了别的啤酒了。

推销员：没关系，打扰各位了，欢迎你们下次品尝喜宝啤酒。

顾　客：一定，一定。

推销员：各位请慢用。（退出）

〖训练题3〗

某厂制造出一种不碎玻璃杯，现要派推销员去百货公司推销。请帮助设计出推销方式。

第七章　应　聘

【导学提示】

随着我国经济改革的深入,人才流动已成为一种趋势。用人单位往往通过应聘面试交谈来选拔人才,而我们绝大部分人都免不了要经历应聘面试这一关。如何在高手如云的求职者中脱颖而出,施展自己的才华呢?是不是仅仅拥有了相应的学历证书,就是拥有了理想职位的“通行证”呢?从众多应聘实例不难看出,答案是否定的。在应聘面试过程中,应聘者口才的优劣,无疑对求职的成功与否,起着至关重要的作用。

应聘交谈有独特性,不少应聘者之所以面试不成功,往往是由于不懂得应聘交谈的原则,不熟悉面试交谈的形式,没有掌握面试答问的技巧,没有把握展示自己才华的机会,不能得到考官的亲睐,因而失去了一次实现梦想的机会。因此,为了将来能尽快寻找到自己理想的工作,实现自己的人生价值,我们有必要掌握一些基本的应聘交谈知识和技巧,若再通过一些模拟训练,便不至于在应聘场合束手无策。

第一节　应 聘 交 谈

【知识概要】

应聘交谈有一定的原则,这主要表现在以下几点:

一、有礼有节

在现实生活中,应聘交谈双方往往是初次见面。许多研究表明,考官在面试开始后几分钟就已做了判断,这就是人们说的“首因效应”。良好的第一印象也许在面试后就会改变,但不好的第一印象却很难在面试后改变。作为应聘者如何能给对方留下美好的第一印象呢?除了穿着得当、仪容端庄之外,要特别注意自己言谈举止的优雅、得体。这是一个人个人修养的外在表现,也是具有良好职业素质的重要基础。

作为应聘者首先应主动、有礼貌地向主考老师问好,在交谈中尽量多用敬语、谦词;其次,在回答提问的过程中,注意听懂提问者的要求,把握内涵,应答时要语音清晰、语态大方、语速得当。既不要“竹筒倒豆”,也不要慢条斯理。不要用太多的手势,最好以微笑用眼神和提问者交流。

要特别注意自己的用语得当。不说大话、脏话、别人难以理解的话。即使是没有听清问题,也要不慌不忙地对主考老师说:“对不起,能不能请您再将题目说一遍。”而不要慌慌张张地回答,以至辞不达意。在应聘交谈中,注意倾听,不随意打断对方的说话。即使是展示自己的才能,也不能得意忘形,夸夸其谈,而应该始终保持一种有礼有节的风度。

二、大方、自信

应聘交谈实际上是应聘者在特定的时间、陌生的环境,接受用人单位对自己的外在形象、品质修养、工作能力等方面做出直观性检测的言语活动。对应聘者来说,这往往是一种被动的交谈。应聘者的紧张是不言而喻的。应聘者应在交谈前学会调整好心理,用心理暗示法告诉自己"没必要紧张,我是最棒的"。在应聘交谈中,主考方要面对许多应聘者进行交谈。其中有个性的人、自信心强的人往往为招聘者留下深刻印象,为应聘成功奠定良好的基础。而"你们要几个人?"这种问法就显得求职信心不足。"你们要不要女性?"这样询问的女性,首先自己打了"折扣",是一种缺乏自信心的表现。

在交谈过程中,应始终保持微笑,给人以自信感。要能够抓住提问者"设问"的真正用意所在,选择适当的语言加以回答。言语中,要不时流露出能胜任此项工作的信心(当然,你事前最好对此项工作有所了解)。在应聘过程中,即使因为学历、经验等某些原因而处于劣势时,也不要马上表现出沮丧,而是应想方设法展示自己能胜任此项工作的哪怕是一丁点的优势,从而化险为夷。即使最后以应聘失败告终,你也要努力给别人留下大方、自信的感觉,当然不是盲目自大。

三、真实、坦诚

应聘交谈双方,由于彼此并不熟悉,一般来讲,双方都是通过语言交流来感知对方的情况。因此回答问题时,尤其是谈到自己的优点时,既不要妄自菲薄,也不能夸大其辞。一般不宜用"很"、"第一"、"最"等表示极端的词来赞美自己。要扬长避短,以真诚的态度应答。例如:考官问"请你告诉我你的一次失败经历。""我想不起我曾经失败过。"这种回答表面上看扬长避短,但显然不够真诚,是不符合实际的,自然会引起考官的反感。若碰到自己确实不会的问题,可以很坦诚地说"我目前还不会,但我想我会努力学习的"。若被问到自己对应聘职位的一些想法,如对工作环境、工资待遇的希求、应聘动机等问题时,可以用适当的语言坦诚以告。"老实说,我很想得到这份工作","说实在的,现在我很紧张"。这些坦诚的话反而容易赢得对方的信任。若以"这个工作交给我,你绝对放心"的表白,反而让人不放心,失去可信度。

【示例评析】

(示例1)

招聘者:今天很高兴能到贵校招聘员工,我们希望招聘五位同学到我们××银行工作……。先请第一位同学进来。

应聘者:各位老师好!我叫林茵。非常感谢你们给我这么好的一次机会,请允许我作个简单的自我介绍。

〖评析〗

作为应聘者能主动、有礼貌地向主考老师问好,这就给了招聘者很好的第一印象,这是很可取的。

(示例2)

某公司对求职者进行最后的复试。公司的复试主持人对一位初试成绩较好的应试者说:“你救了我的女儿,对你的录用我们会优先考虑的。”可这位应试者听后,先是愣了一下,接着便语气肯定地回答:“先生,您一定弄错了,我从未救过任何人。”过了一会,主持人微笑着说:“年轻人,你说得对,是我弄错了。我很欣赏你的诚实,你被录用了。”

〖评析〗

复试形式如此出人意料,这恐怕是应聘者始料未及的。但这位应试者经受住了考验。他没有盲目贪功,而是凭借一个真实的自我,以自己的真诚——做人的美德,打动了复试主持人,终于赢得了这份工作。

(示例3)

一家广告公司因为扩大业务正在招聘。许多人来参加面试。有位年轻人排在第29位。面对众多的竞争者,他想不能只是一味地等待。过了一会儿,他拿出一张纸,写了一行字,然后把它交给秘书小姐,并轻声对她说:“小姐,我有一条好建议,请马上把它交给你的老板,这非常重要!”秘书小姐赶忙把纸条交给了老板。老板展开纸条一看,纸条上写着:“先生,我排在队伍的第29位,在您看到我以前,请不要做出决定。”老板禁不住笑了。当他与老板面试交谈后,他得到了这份工作。

〖评析〗

年轻人果然聪明,此举富有个性,且充满自信。其实每个人都应该有自己的个性,关键是你要善于挖掘并予以恰当的表现。可不要把你的缺点(自认为是优点)和被主流社会所不接受的东西当成是个性而加以表现。

第二节　面试交谈

【知识概要】

俗话说:“知己知彼,百战不殆。”面试交谈实际上是考官与考生的正面“交锋”,应聘者要想在形式多样的面试交谈中不败下阵来,作为应聘者应对常用应聘形式有所了解,以便应对不同形式的考验。目前面试的形式有多种,从面试者活动形式角度来分,我国目前许多用人单位采用的面试的主要形式有:问答式面试、答辩式面试、情景模拟式面试、小组讨论式面试等各种形式的面试。各种形式面试虽有其共性,但各有不同的特点,考生需区别对待。从招聘者与应聘者人数多少角度来分,有一对一,也有多对一、一对多、多对多等形式的面试。无论面试的形式有多少,都是围绕考核应聘者的素质是否符合所招聘岗位的要求而展开的。下面着重介绍一些常见的面试形式:

一、一对一问答式

这是一种传统的常用应聘面谈方式,也叫“一对一式”。招聘方会根据自己的需要设计相关问题一对一进行提问,应聘者一一作答。招聘方从应聘者的回答中获得有效信息。这些问题大多涉及应聘者的一些基本情况,如对这个工作热爱、向往的程度,是不是适合做这个工作等。诸如"你所学的专业是什么"、"你的兴趣是什么"(看看你的性格是内向还是外向,有没有和这项工作相关的爱好或者特长)、"你来应聘的原因是什么"等等。这些问题没有任何标准答案,一定要根据自己的真实情况来回答,不要生搬硬套别人的话语。否则,话可能说得很漂亮,但很容易让对方看出你说话言不由衷,而且说不定这个答案已经有无数人重复过了,你再这样说会让人觉得你缺乏诚意。

二、多对一问答式

这是指在招聘比较重要的岗位时,几个考官轮番与应聘者进行交谈。主要形式是不停地责难面试者,给他很大的压力,进而观察面试者承受压力的能力,以及个人的品质,为人处世的态度等等。面试官常常会对一个问题刨根问底,甚至对应聘者的每句话都提出质疑,有更厉害的,应聘者每说一句话,面试官都会加以反驳。

例如:

(1) 你在学校里的技能和文化课成绩在班上处于什么位置?你怎么看待你的成绩?

(2) 你最喜欢什么课程,为什么?

(3) 你参加过哪些社会活动,你认为最有意义的是什么?为什么?

(4) 举一个你参与策划组织一次活动的例子,你在这个活动中是什么角色,当时要完成什么任务,你采取了什么行动,最后的结果如何?

对付这种面试的唯一方法就是有理有节、不卑不亢,并且时刻保持微笑,千万不能和对方争吵起来,否则就中了圈套,暴露了自己的弱点。因为这种形式会使应聘者无喘息之时,对应聘者的反应能力及其思辨能力要求较高,所以一旦较好地把握了一些应答原则和要领,获胜的机率会较高。

三、小组讨论式

这是众多面试方式中的一种,也叫"无领导小组讨论"式。过去主要用于管理层的选拔,而现在其应用范围和领域正在逐渐拓宽。那么究竟什么是"无领导小组讨论"?它考察的主要是哪些方面的能力呢?其实,这是一种对应聘者进行集体面试的方式。先将应聘者分成小组,通常以5~7人为一组,但并不确定领导者,然后由招聘者拟出题目,在指定时间内围绕一个问题进行讨论,产生出小组的统一结论。小组讨论不在乎结果的对错,只考察在讨论过程中应聘者的反应能力,是否能听懂其他成员的观点,是否能清晰地表述自己的想法,以及是否能说服别人支持自己的观点。由此来判断应聘者的组织协调能力、人际交往能力、领导能力、决策能力,同时还考察其灵活性、自信心等,以确定其优劣。

在接受这种形式的面试时,首先,要善于听。要能听出别人观点的要领及缺陷;并能迅速进行判断、综合,从而形成自己的观点;其次,要勇于说。抓住时机,准确、恰当地表述自己的观点。若想给人留下积极、主动的印象,那就在前面发言;若你的观点胜人一筹,且想给人留下比较沉稳的印象,那你就在后面发言。同时,要注意自己的语言方式。最好不要重复别人的观点,人云亦云。你有独到的见解,就另辟蹊径;没有独到见解,也应同中求异。诸如:

“我很赞同××的观点,但我认为还可以换个角度想问题。”或“我很同意××的观点,但我想这个问题还有更深层次的含义。”

四、情景模拟式

情景模拟面试,是设置一定的模拟情景,要求被测试者扮演某一角色并进入角色情景中,去处理跟应聘职位相关的一些事务、问题。考官通过对考生在情景中所表现出来的行为进行观察和记录,以测评其素质潜能,或看其是否能适应或胜任该项工作。情景模拟测试具岗位针对性强、能直接测试应聘者的基本素质,因而较其他面试方式有更大的可信度。

情景模拟面试的主要方式有:文件处理的模拟、工作活动的模拟、角色扮演的模拟(例如,接待来访,主持会议,汇报工作等,现场作业法提供给考生一定的数据和资料,在规定的时间内,要求考生编制计划,设计图表,起草公文和计算结果等)。被普遍应用的计算机操作,账目整理等都属于此类形式。

【示例评析】

(示例1)

某大型招聘会。一家知名留学(移民)中介机构招聘“咨询顾问”。由于招聘门槛不高,该展位前人头攒动,很多应聘者跃跃欲试。此时,一名年轻男性求职者递上简历。

面试官看了简历后频频点头:某重点大学市场营销专业本科毕业,1年工作经验,性格外向,有团队合作精神和沟通能力……经过数轮问答之后,面试官说,我们做个“情景模拟面试”吧。

“假设我是一名想要移民加拿大的咨询者,你是公司的咨询顾问。请你跟我说说,如何才能成功移民加拿大?”面试官问。

“啊?好的……是现在就开始了吗?”求职者有些不知所措。

“是,开始了,”面试官重复。

“请先让我想想该怎么回答。”看得出此时求职者非常紧张,一边思考,一边用手擦着汗。2分钟沉默后,求职者说:“一般是前来咨询的人先提问吧?你不提问,我怎么说啊?”

“哦,也行,那么我提问。请问移民加拿大的方式有哪几种?适合我的移民方式是什么?你们公司的成功率有多高?”面试官很明显不太满意,露出无奈神色。

“哦,先生你好,欢迎你来我们公司咨询。移民加拿大的方式有……我没有移民相关的知识和经验,你们也说允许没有经验的人应聘啊,所以我不知道。你的问题太专业了。”

“那么请问移民加拿大要做哪些准备?”面试官没有辩解,继续提问。

“准备啊?我想想,如果投资移民的话,需要一笔资金,大概是50万元吧,对吗?具体我也不清楚。”求职者回答得结结巴巴。

还没等他缓过神来,面试官就说:“好了,今天的面试到这里,如果录取会在一周内通知。”

〖评析〗

其实,这次的“情景模拟”主要考察三点:

首先是考察角色转换能力和角色适应能力。要做好咨询顾问,需要有良好的角色认同感和转换能力。当进行情景模拟时,求职者要使用资深专家的口吻,表现出亲和力与耐心。

应对棘手问题时应该沉着冷静,不能结结巴巴,断断续续。

其次是考察知识面。虽然这名求职者以前没有涉足过海外移民咨询,但是一个优秀的人才应该有广阔的知识面,对移民政策、准备等方面的常识有所了解。可是他似乎对此一无所知,说明此人不具备信息搜集和整理的能力,这对于咨询行业来说是大忌。

再次是考察快速反应能力。“情景模拟”要的不是正确的回答,而是回答问题的思路和方式。如果你并不知道投资移民的资金额度,不必解释你不知道,可以胸有成竹地说:“投资移民需要50万元人民币的资金,不过按照你的基本情况,建议采用技术移民方法。”此外,咨询是项高难度的脑力劳动,即使经过培训掌握了留学中介的相关信息政策,客户的问题照样可能超出你现有的知识范围,这就需要咨询顾问利用常识灵活解答,而不是抓耳挠腮地思考2分钟后,还是告诉客户自己不知道。

(示例2)

某商场在招聘负责人时,采用“无领导讨论式”面试。试题为:有一名男子买了3元钱的东西后,付费时给了营业员10元钱。正当营业员将7元找零递给他时,他突然说应找97元,因为他刚才明明给了100元钱。假如你是部门负责人,你来处理这件事,你打算说些什么?

应聘者A首先向顾客道歉,然后当众批评女售货员,并如数找给小伙子97元。

应聘者B在小伙子耳边说:“哥儿们,我们有内部录像系统。”

应聘者C说:“既然您没有支付10元钱,那么,收银柜内今天收到的所有10元纸币上就不会有您的指纹。您能保证吗?”

〖评析〗

应聘者A的优点在于能够从公司大局出发,但其做法有向不法行为低头之嫌。应聘者B的说法似乎很有说服力,但他犯了一个大忌,就是职业经理人应以诚信为本,因为商场内根本没有录像系统。应聘者C敏锐地抓住了诈骗者逻辑上的盲区,并当场予以揭穿。最后,他成功胜出。

第三节　面试答问

【知识概要】

其实在面试过程中,最能考验应聘者的是对答这一阶段。如果说自我介绍还只是招聘者对你的一种静态了解,那么答问过程,就是招聘者在有限的时间里对应聘者的一种动态了解。通过不同问题的询问,是对应聘者应变能力、适应能力、专业水平、工作能力、性格爱好、处事方式等的考察。要想较为自如地应对这些答问,除了需要掌握相应的专业知识外,应聘者还要掌握一些对答技巧。

一、常规问题对答技巧

这类问题是指在面试中使用较为频繁的问题。一般来讲使用得当的语言从正面相告即可。为了使应聘者的回答更得法,现介绍一些基本方法如下:

1. 实话实说法

这一般用在对应聘者的所学专业、家庭背景、兴趣爱好等问题的询问。

2. 具体实例法

对一些常规问题,如果应聘者的回答笼统、简单,往往很难给招聘者留下深刻印象。应适当加入一些具体实例,使本来抽象的问题具体化。

3. 彰显个性法

从心理学角度来说,人都有猎奇心理。面对众多的应聘者,招聘者也往往是率先对较有个性的人留有印象。所以应聘者要适当注意彰显个性。但在应聘场上彰显个性,并不是说完全以自我为中心,可以随意地自我表现。例如:随意打断招聘老师的问话;在应聘过程中随意接听电话等;甚至有意无意说一些有伤大雅的口头禅;将中英文夹杂使用等。要靠坦诚独特的行动、坦率独到的语言赢得招聘者的亲睐。在常规中显出创意,从而彰显个性。

二、非常规问题对答技巧

在应聘过程中,应聘者除了会碰到一些常规问题外,还常常会碰到一些令自己不易马上作答的问题。诸如:你的应聘动机是什么?你认为自己的应聘优势是什么?你认为自己的缺点是什么?你怎么看待自己没有工作经验的问题?你是否愿意做琐碎的工作?你对哪类职位感兴趣?等等。这些问题往往不能用一二句话就说得清楚的,有的问题甚至是“陷阱”。例如:一位先生去应聘,一切都进行得很顺利,甚至商谈到什么时候开始正式工作的问题。这时面试的考官站起身来倒杯水,轻松地问道:“你喜欢玩游戏吗?”求职者误认为换个话题轻松一下,随口答道:“通常在工作疲倦后玩游戏放松。”招聘人员脸色马上沉下来说:“工作时间玩游戏,这样的员工我们不能要。”可见,在应聘场上回答这些非常规问题时,要多个心眼,注意一些技巧和方法。

1. 偷换概念,转移话题

当我们碰到一些不能不回答,但直截了当回答又明显会对自己造成不利的问题时,要想办法巧妙地转移话题。以下这个北大学生答日本共同社记者小泽一朗的实录也许能给应聘者一点启示。

问:你个人使用日货吗?

答:有,马桶。(在场学生大笑)

问:那你告诉我,为什么日本的马桶会比中国的好?

答:在中国,这种话题是不登大雅之堂的,在公共场合议论这种话题是很××的。(笑声)当然,我不知道是你有这样的嗜好,还是贵国有这种习惯。(笑声)

问:我也经常看新闻,最近一段时间,中国生产事故频发,死亡率想必不会低吧?

答:同你们国家一样,每人死一次。(笑声、掌声)

日本记者的有些提问,正面很难回答。机智的北大学生巧妙地转移了话题回答,博得阵阵掌声,既没有使自己上当,又使日本记者陷入了难堪之中。

2. 虚实结合,以实补虚

在应聘场上,招聘者的一些提问往往是虚发。这时,应聘者的回答不能是一味地实发,回答“是”或“不是”,“知道”或“不知道”,而应该实中有虚,虚中有实。

3. 另辟蹊径,欲抑先扬

在应聘场上,当碰到一些有意拒绝应聘者,让应聘者知难而退的问题时,作为应聘者往往不能从正面用确切的语言回答,而要另辟蹊径,寻找反驳的突破口。当然,不要忘记欲抑先扬,婉言作答。

三、在面试应答中需要注意的几个问题

1. 语言得当

注意文明用语,礼貌待人,既不妄自菲薄,也不夸大其辞。

2. 展现自我

有针对性地表现个性,体现自信,当然还要把握分寸。

3. 有的放矢

求职交谈时间很短,且目的性很强,根据应聘的职位来组织语言。

【示例评析】

(示例1)

问:“你在学校时学的什么专业?”

答:“我学的是计算机专业。这是一个新的、很有发展前景的专业,我非常喜欢。”

〖评析〗

应聘者回答直接、坦率,把自己的学业情况如实告知了招聘者,言语虽短,但充满了自信。

(示例2)

主考官:你认为自己的长处是什么?

甲:认真。

乙:做事认真,并以此为荣。在学校,无论学习任务还是老师交给我的其他工作任务,我都认真做好。我在实习期间,曾做过打印工作,每天我都会按时完成需要打印的材料,然后分门别类整理好,再一一分发给有关人员,从未出错。”

〖评析〗

面对同样的问题,两个人两种不同的回答。甲的回答过于简单,不能给别人留下深刻印象,而乙的回答从容不迫,语言得当。

(示例3)

问:你在暑期打过工吗?

答:打过。在我家乡的小镇上,找一份暑假工作并不容易,但我向每家餐馆都申请做招待工作,给各家的经理打电话预约面试,最后在一家最有名气的餐馆找到一份工作。我先做下午班,后来因为我手脚麻利,算账准确,并有让顾客满意的服务水平,他们很快就把我转到晚班了。我在那儿干了三个暑假,当我离开的时候,我负责培训、管理夜班服务员,分配小费收入,以及晚上的收工打烊与记账。总之,我的这段经历使我了解了小型企业以及企业中具有共性的一些机制。”

〖评析〗

一家就业服务机构的负责人说:“读书时期有过工作经历的人容易与人相处,他们会更好地安排时间,更务实,而且更成熟,与我们有更多的共同语言。”这位应聘者具体展示了自己暑期的求职过程,也就是很好地展示了自己的能力。如果只有三言两语,是很难讲清他在暑期工作得到的能力培养的。

(示例4)

问:你认为你最大的缺点是什么?

答:同学们都说我斤斤计较。我在班级担任劳动委员,谁要是没有搞好值日,我就会跟他计较个没完。

〖评析〗

人非圣贤,孰能无过?但在应聘场上,应聘者不能将自己的缺点和盘托出,可又不能不回答。一般情况下,只要简单地说出自己一些无伤大雅的缺点即可。这位应聘者能够很好地抓住展示自己的机会,化缺点为优点,高人一筹。

(示例5)

问:你在接受别人指导时,会不会感到难受或受到伤害?

答:“我会接受别人的意见,更重要的是,我能接受建设性的批评而没有抵触情绪。即使主观上尽全力而为,我也还会出现失误,还需要别人把我引回正确的方向上。我明白,如果我想在公司里有所发展,我必须首先要证明自己服从管理。”

〖评析〗

这是个“虚”问,招聘者的真正意图是想了解应聘者为人处事的能力。因此你不能只是简单地回答“会”或“不会”。如果你的失误被别人指出来之后,会轻易地顶撞或发火,那么你在该单位不可能干得很久。初级岗位的竞争相当激烈,这也是你表明自己与众不同的又一个机会。

【模拟训练】

〖训练题1〗

请探讨下面应聘回答的优劣。

(1)你认为和什么样的人共事比较困难?

答:做事认真的人。

(2)你最向往哪一个职位?

A. 答:我向往主管的职位。

B. 答:“我对初级岗位感兴趣,因为可以从中学到公司内外的业务,并能给我发展的机会。当我证实了自己的实力之后,可以沿着专业方向或管理方向发展。”

(3)认为自己最大的缺点是什么?

答:不拘小节,丢三落四。

〖训练题2〗

根据自己所学专业的情况,请你和你的同学一起,一个扮演招聘者,两个扮演应聘者,进行以下面试交谈。

问:请你先做一个简短的自我介绍。

答(1):

答(2):

问:在你们学校,你为何要选择你目前的专业?

答(1):

答(2):

问:你认为你最大的优点是什么?

答(1):

答(2):

问:你为何要到我们这儿来应聘?

答(1):

答(2):

问:你认为凭你目前的状况,在我们这儿最适合做什么?

答(1):

答(2):

问:你对工资待遇有什么要求吗?

答(1):

答(2):

问:你对你将来的发展有什么打算吗?

答(1):

答(2):

〖训练题3〗

假设你在某招聘面试中抽到的题目是:请你和其他应聘者一起策划一场你们学校和兄弟学校的"五四"联谊活动。你们将如何策划?分组模拟出来,请老师和同学进行评判。

第八章　洽　商

【导学提示】

在现实生活中，国与国、组织与组织、人与人之间的关系日益复杂，矛盾相互交织，要想搞好关系，解决矛盾，只有靠协商。为了改变相互关系而交换看法，或者是为了取得一致而进行磋商，这就叫洽商。外交、政治、军事、商务等活动中都离不开洽商。在洽商过程中，诚恳、友好的态度，应变得体的口才，都是促成合作的必要条件。

【知识概要】

一、洽商成功的秘诀：既要知己，又要知彼

洽商活动发生在国与国、组织与组织、人与人之间，因此具有双重主体。在商品交易中，洽商的双方就是买方和卖方。要想取得洽商成功，既要知己，又要知彼。

首先是知己。一般来说，小型和简单的洽商活动是由各方各自派出单个业务人员来完成，重大的洽商活动就要根据需要派出一定数量的人员参加。洽商能否成功，取决于洽商队伍中每个人的素质。一名胜任洽商工作的人员应当具备以下基本素质：

1. 品行端正

能遵纪守法，有事业心和责任感，敢于挑重担，勇于进取，作风正派，善于沟通，胸襟开阔，具有合作精神。

2. 知识渊博

要掌握政策，具有一定的经济学知识、企业经营管理知识、法律知识、科技知识、心理学知识、社会学知识，懂一点兵法韬略和营销技巧，具有较高的语言、文学修养，了解各地的风土人情、社会状况及社交礼仪。

3. 机敏干练

要具备记忆、观察、想象、思考、判断和决策能力，掌握洽商所需要的各种专门技术，如调查、预测、计算、论辩技巧及文字书写技巧等。

4. 经验丰富

能知己知彼、了解对方心理，掌握对话主动性，把握拍板时机，这需要洽商人员在实践中反复摸索、不断积累。

知己，还包括明确己方的需求条件和所要达到的经济目标。

其次要知彼，即充分了解对手的客观情况、实力、信誉等。然后再对双方的情况进行平

衡分析，寻找各方条件与利益的共同点以及实现最佳结合的可能性。

知己知彼是基础，确定洽商目标是关键。洽商是一个以心理学为基础的复杂过程。要取得成功，需要能够清晰掌握自己的想法、感受及行为，同时也要能认识与了解对方的想法，尊重及理解他们的立场。要明确是为达到某一特定目标而进行洽商，你有一个目标，而对方也有一个目标。洽商双方的目的都是“胜利”，因此应该本着“我赢、你赢、大家赢”的目的，进行合作性的洽商，寻求共同的价值观，公平解决矛盾，达到双方满意的成果。

二、洽商前期的准备工作

1. 制定简明、具体而又灵活的洽商方案

在方案中应明确洽商目标、各种交易条件可接受的最低限度、期限、负责人及其成员的职责，还包括双方共同遵守的议程、己方人员在谈判中的具体工作任务、确定在不同情况下应采取的策略。

2. 进行洽商的想象练习和实际演习

在练习中应从开始到结束完全按照洽商的顺序想象下去，练习己方和对方面对面洽商的一切情形，包括可能会碰到的问题、对方会提出什么样的反对意见、己方如何答复等。

3. 做好必要的物质准备工作

选择并携带有关的文件和数据资料、备好通讯设备和办公用品，安排好洽商场所和膳食、住所、休息及陪同人员等。

三、洽商气氛的营造

洽商是人与人之间的活动，人是有感情、有自尊的，如果前来提出要求的人和颜悦色，尊重对方，那么气氛就是友好而和谐的，洽商也就容易成功；反之，如果提出要求时不尊重别人，拿出一副盛气凌人的架子，那洽商多半是要失败的。因此，我们应该想方设法调节洽商时的气氛。

洽商开始时的话题最好是轻松的，双方可以随便聊聊，谈谈个人兴趣、风土人情、时事新闻，还可以向对方致以问候和说一些关心对方的话。比如：

“欢迎您，见到您真高兴。”

“首先请允许我对你的平安到达表示祝贺，旅途愉快吗？到过哪些地方？”

“今天天气真好，这预示我们的合作会取得成功。”

另外还可以谈谈曾经到过的地方、接触过的人等等。对于彼此有过交往的，可以先叙谈一下以往经历和共同获得的成功。要通过洽商正式开始前的一切活动，一方面要能够为双方建立良好关系铺路，另一方面要能够了解对方的特点、态度和意图。

四、洽商语言的运用

洽商是运用口语表达观点，用头脑进行分析、判断，然后再用口语将“判”的结果表达出来，因此洽商的过程就是运用口才的过程。在使用洽商语言时，要注意做到以下几点：

1. 说话要简练、委婉、幽默

简练就是用尽可能少的语言表达尽量多的内容,要做到说话没有闲言废语,突出讲话主题,条理清楚。

委婉就是运用含蓄语言表达本意。在洽商中,由于特定原因,有些话不便直说,委婉地表达可以给自己和对方留面子。例如:不能说"你们的要求是无理的,我们不能接受",而要说"对你们的要求,我们商量一下再主动与你们联系"。

幽默的语言,可以缓和紧张气氛。幽默还可用来回答难以回答的问话和指出对方的谬误。

2. 学会倾听和观察

洽商中的语言交流是双向的,能否准确、全面地接受对方传递的信息,了解对方的需求、愿望、关心和忧虑,就必须学会倾听。另外,认真仔细地聆听对方的谈话也可满足对方的自尊心,从而获得对方的尊重,形成和谐的洽商气氛。在洽商中,洽商人员除了用口语交谈外,同时也在用体态语交流。因此不仅要从对方的言谈话语中揣摩其心理变化,还要从对方的姿态、表情、动作等体态语言中测定其意向表示。学会了察言观色,才能获得比较可靠的信息,准确无误地把握中心,以利于不断调整自己,快捷地作出判断。

3. 善于有效提问、巧妙回答

在洽商过程中,提问和应答是语言的主要表达方式。

为了达到提问的目的,必须注意两点:一是提出什么问题,二是如何提问。就提问而言有多种目的,有的为了获得资料,如"请告诉我为什么它值这个价钱";有的为了刺激对方思考,如"你有把握吗";有的为了促使对方作出决定,如"你们想要哪一种,蓝的还是红的"。在洽商中打算提什么问题,预先要做好准备。

确定了问题之后,还要讲究提问的方式。方式不同,效果不一样。"你对这个问题还有什么意见"这一问句就不如"你是能帮助解决这个问题的,你有什么建议"效果好。

在洽商过程中,双方都会提出不少问题要求对方回答。一般性的问题好回答,有些是"试探性"或"下套"性的难题就不容易快速而准确地作出回答。在这种情况下,一定要把握好回答问题的原则,即什么应该说、什么不该说。在洽商前,应假设一些难题来思考,预备好问题的答案。回答问题之前,要给自己一些思考的时间。回答时要有针对性、灵活性,有些问题可不正面回答或作不确切回答。例如:对方问"价钱是多少",可以答"我想你一定会对价格感到满意的。我可以先把这种机器的性能向您介绍一下吗?"另外,回答难题时可尽量运用幽默的语言。

4. 谈吐文雅,举止适度

在洽商过程中,态度必须诚恳谦逊,讲究文明礼貌,说话时声音的高低、语速的快慢都应十分恰当。不管碰到什么样的对手,都不能油腔滑调、讽刺戏弄甚至恶意攻击。

五、洽商技巧的应用

1. 开场阐述技巧的应用

寒暄过后,洽商就将进入正题,双方要阐述各自的观点和立场,这是洽商的重要步骤。

开场阐述一般是在事前做好准备，以免偏离主题或遗漏重要问题。阐述时要做到语言精确、清晰、简洁、委婉、生动。例如：

甲方："我们对贵厂所能提供的原材料很感兴趣，准备购进一批。我们与其他厂家也打过交道。对我们来说，关键是时间问题，我们想以最快的速度达成协议。因此，我们希望开门见山。虽然我们双方以前从未打过交道，但根据各方面反映，贵厂信誉很好。预祝我们双方的合作成功。"

乙方："贵方对我们的产品感兴趣，我们非常高兴，也非常愿意出售我们的产品。但是，我们的产品数量有限，市场目前比较紧俏，当然，这一点是灵活的。我们关心的是价格问题。正因为如此，我们才不急于出售数量有限的产品。"

2. 提出条件技巧的应用

在洽商过程中，双方都会站在各自的立场上向另一方提出各种条件，并表示愿意按照这些条件达成协议。提出条件要依据两条原则，一是对己方最有利，二是成功的可能性最大。提出条件之前，应该了解行情，有所参照，结合己方的意图。提出条件时，态度要坚定果断，毫无保留，表述要明确，不必用任何理由为自己提出的条件进行解释和说明。例如：

王先生有一套位于市中心的房子，此房的地点价值远远大于居住价值，他想卖掉此房，有一家开发公司想买下来，派吴先生出面开始洽商。

吴："您好，王先生，很高兴见到您。我在电话里已经告诉过您，我们老板对您的房子有兴趣，特派我来与您商谈价钱。"

王："很好，吴先生，这栋房子对任何搞房地产的都有吸引力，很有价值。"

吴："是的，我们老板也这么认为。不过，他所感兴趣的只是那块土地，不是房子。"

王："那是自然的。不过，我不断接到买主打来的电话，就在您来之前，我还回绝了一位买主，因为价格谈不好。"

吴："价格是可变化的，我认为时机更重要。要不是我们老板对这栋房子感兴趣，我也不会占用您我的宝贵时间了。"

王："是的，我知道。那么，请问你们的出价是多少？"

吴："我们老板愿意出70万，现金交易。"

3. 讨价还价技巧的应用

如果条件提出后，双方均无异议，这是洽商中最希望出现，也是最简单的情况，洽商因此可直接进入签约阶段，但这种情况很少发生。一般情况下，当一方提出条件之后，另一方不会无条件接受，而会提出自己的条件或要求对方降低条件，这就是"讨价"。如果先提出条件的一方根据要求修改了条件，提出一个新的条件，这就是"还价"；一方如果接受或降低了要求，这就是"让步"。

在"讨价"时可运用下面技巧：

(1) 投石问路。即针对对方的条件，提出有关的假设条件，请对方回答。在对方的回答中搜集可能出现的对己有利的信息，寻找讨价机会。例如：

"假如我再增加一倍的定货，价格会便宜一点吗？"

"假如我们一次性付款呢？"

“假如我们自己提货呢?”

通过这样提问和对方的回答,有经验的洽商人员可从中了解生产成本、价格底线等,然后提出有利的还价。

(2) 严格要求。即寻找对方的“疵点”,也可将对方提出的条件与其他洽商对象提出的条件相比较,使对方不得不承认自己的弱点,以此达到“讨价”的目的。例如:

“贵厂生产的成套茶具,茶壶的手柄太粗,茶杯镀金不匀,很难卖到这个价啊!”

在“还价”时可运用下面技巧:

(1) 小处入手。即选择与己方欲成交价格差距小的部分先还价,这样相对容易被接受,从而对进一步洽商更有信心。另外对大型项目、成套设备的交易,可分批还价,从小处入手。比如对方报价:主机50万,技术费10万,零配件5万。还价就从零配件入手,顺利的话,再谈技术和主机,不断巩固成果。

(2) 利用竞争。即充分利用或制造许多对手竞争的局面,采用“货比三家”的技巧,说明各家报价和交易条件的合理性,再提出价格和成交条件。比如对方提出:你们认为什么价格合适时,可说“某某厂给我们的价格是多少”、“我们刚刚拒绝了一位出价比你们好得多的客户”。

(3) 反客为主。即在对方提出的条件过高、态度十分强硬时,把对方引到对双方利益的探索上来。比如对方报价20万,我方可以问:“能不能告诉我们,这个报价的依据是什么?”“这个价格是否与市场上同类商品价格相当?”让对方作价格解释,这可以帮助我们了解对方是如何估价的,然后再还价。

(4) 适当让步。洽商人员要想在讨价还价中不出现僵局,必然要作出妥协或局部利益的牺牲,促使洽商继续进行,即要作出让步。让步有积极让步和消极让步。积极让步是以某些条款上的妥协来换取主要方面或基本方面的获取;消极让步是以单纯的自我牺牲求得打破僵局,这种情况大多出现在处于劣势或有求于人的一方,一般情况下都应采用积极让步。例如:双方进行技术合作项目洽谈,对方掌握的先进技术正好能解决我方产品技术更新急需解决的难题,我方代表果断地说:“既然我们双方都有诚意进行此项技术合作,虽然贵方提出的报价远远超出我们的预期。为了长期合作,我们决定在价格上作出让步,但必须把贵方提供设备的保修期延长两年。我们相信本着互惠互利的原则,贵方应该能够接受这个条件。那么我们今天就可以签约。”

4. 促成定局技巧的应用

定局是洽商过程中经过洽商人员的努力,促使对方下定决心成交的阶段。这一阶段也不会是一帆风顺,结果也并非都是达成协议。因此,在这一阶段要能把握定局的时机。一般来说,洽商进入定局阶段,会出现明显标志,比如洽商人员较多地说“实话”、亮“底牌”,声明“宁愿不成交也不再退让了”;言辞越来越简单,态度严肃认真;通过行为语言,如与同事商量、点头等,表现出接受的意图。这时候可采用下面技巧:

(1) 分段决定。这是为了避免在定局时产生大的矛盾和阻力,而把定局分成几部分,让对方分段作出决定。例如:

“昨天我们已经谈好了交易的主要条件,上午我们又全面讨论了各项条款,下午我们是不是可以讨论合同条款的书写问题了?”

“王总,您看我们合作的基本原则是不是就这么定了,下一步具体问题由我们双方的技术专家们谈吧。”

(2) 诱导反对。有时洽商的对手已产生浓厚兴趣,却又犹豫不决,此时他们一定还有某些反对意见,那么就要及时启发、诱导他们尽早说出这些意见,这样才有可能解决问题,促成定局。

(3) 最后通牒。在你不想与对方合作时,在你已经把条件降到无法再降时,可以以“时间紧迫,我必须按领导规定的限期结束此次洽商”、“你的要求太高,我们无法接受”、“按此条件办理是符合惯例的,这次如破例,今后我们将无法再与其他客户合作了”等理由作最后通牒。

【示例评析】

(示例)

甲的汽车意外地被一部大卡车整个撞毁了,幸亏他的汽车保了全险,可是确切的赔偿金额要由保险公司的调查员(乙)鉴定过后加以确定,于是双方进行洽商,下面是他们之间的对话:

乙:我们研究过你的案件,我们决定采用保险单的条款。这表示你可以得到3.3万元的赔偿。

甲:我知道。请问你们是怎么算出这个数字的?

乙:我们是依据这部汽车的现有价值。

甲:我了解,可是你们是按照什么标准算出这个数目的?你知道我现在要花多少钱才能买到同样的车子吗?

乙:你想要多少钱?

甲:我想得到按照保险单应该得到的钱。我找到一部类似的二手车,价钱是3.5万元,完了税大概是4万元。

乙:4万元太多了吧!

甲:我所要求的不是某个数目,而是公平的赔偿。你不认为我得到足够的赔偿换一部车是公平的吗?

乙:好,我们赔你3.5万元,这是我们可以付出的最高价。公司的政策是如此规定的。

甲:请问你们公司是怎么算出这个数字的?

乙:你要知道3.5万是你可以得到的最高数额,你如果不想要,我就爱莫能助了。

甲:3.5万元可能是公道的,但是我不敢确定。如果你受公司政策的约束,我能理解你的立场。可是除非你能客观地说出我能得到这个数目的理由,我想我最好还是诉诸法律。我们为什么不研究一下这件事,然后再谈?星期三上午11点,我们可以见面谈谈吗?

乙:好的。我今天在报上看到一部与你的车相类似的车,出价是3.4万元。

甲:噢!上面有没有提到行车里数?

乙:4.9万公里。你问这干什么?

甲:因为我的车只跑了2.5万公里,你认为我的车子可以值多少钱?

乙：让我想想。

甲：假设3.4万元是合理的话，那么我的车就该是3.55万元了。报纸广告上提到音响没有？

乙：没有。

甲：你认为一台音响值多少钱？

乙：125元。

甲：空调呢？

两个半小时之后，甲拿到了40120元的赔偿金。

〖评析〗

在上面洽商过程中，乙方提出条件坚定有力，表述明确，没做任何解释。甲方在讨价还价时反复使用“反客为主”的策略，即追问对方价格是如何定出的，让对方作价格解释，了解对方是如何估价的，然后再还价。乙方问“你想要多少钱？”这就表明有可能改善报价，甲方立即提出“4万元”的交易条件，而且有理有据。在乙方作出2000元的让步之后，甲方再次“反客为主”，乙方显然有点沉不住气了，甲方也毫不示弱，表示要“诉诸法律”，但立刻又使气氛缓和下来，完全掌握了主动权。乙方又提出一个参照价格“3.4万元”，甲方抓住机会，使用“小处入手”的策略，从“行车里数”、“音响”、“空调”三个方面入手，分批还价，最终达到目的。

【模拟训练】

〖训练题1〗

卖方要出售某货物，要价200元，买方还价，提出用100元购买，卖方提出双方各让50元算了，你作为买方是否能接受？为什么？

〖训练题2〗

上文中曾举房产经营洽商一例，例中王先生已向开发公司吴先生提出了交易条件。现请两位同学扮演王先生和吴先生，代替他们讨价还价，将洽商继续下去。

〖训练题3〗

某校有可作营业用房的平房两间，共48平方米，水、电、洗手间齐全，有意向外出租。现有飞跃鞋之都有限责任公司打算租用，经营鞋类。双方商定10日内完成租赁协议签订前的洽商工作。全班可分为两组，各为其中的一方制定洽商方案及执行计划，并进行模拟洽商。

第九章　演　　讲

【导学提示】

你想当众发表你自己的主张和见解吗？你想说服和激励听众接受你的观点并付诸行动吗？你想借助一种口语表达来提高自身素质和提升自身形象吗？你想借助一种口语表达来展现真善美的力量吗？还有一点，你肯定想弄明白，为什么"舌头、金钱和电脑"，在欧美世界被公认为当今世界的三大法宝？如果你想，那么请你学习演讲！

演讲是演讲者面对听众，运用口语、借助表情和手势就某个问题系统地阐述自己的见解和主张，以感召听众的一种社会交际活动。

演讲能提高口语表达水平，提升思想文化素质，增强思维和应变能力。演讲可以形成正确的舆论导向，使人知、使人信、使人激、使人动、使人乐以及使人和。通过学习演讲的基本知识和技巧，利用各种场合进行演讲实践，你一定会练就出色的演说口才。

【知识概要】

一、演讲的类型

根据演讲的内容和形式以及演讲的目的与适用的场合，可以将演讲分成若干种类。

按演讲的内容可分为：政治演讲、就职演讲、学术演讲、司法演讲、宗教演讲、管理演讲、交际演讲等。

按演讲的组织形式可分为：即兴演讲、命题演讲、论辩演讲等。

按演讲的表达方式可分为：议论性演讲、叙述性演讲、抒情性演讲等。

按演讲的适用场合可分为：街头演讲、会场演讲、法庭演讲、广播电视演讲等。

二、演讲的特征

1. 现实性

演讲是针对人们在现实社会中关于政治、思想、生活、工作等所产生的问题而发表看法，明辨是非，弘扬主流精神，从而推动物质文明和精神文明建设的一种宣传教育形式，具有重要的现实意义。

2. 鼓动性

演讲是一种生动形象、声情并茂、富有吸引力和感召力的宣传艺术。一次成功的演讲能使听众为之激动、为之感奋、为之行动。古希腊的德摩西尼曾对朋友说过："你所讲的，只能令人说个'好'字，而我却能使听的人一起跳起来，众口同声地说：'让我们赶快去抵抗腓力。'"他的《斥腓力演说》，慷慨激昂地痛斥马其顿军队的入侵，使听讲的民众义愤填膺，热血沸腾，团结起来投身于反侵略的斗争，显示了演讲的巨大感召力。

3. 群众性

演讲是演讲者与听众的双边活动。演讲往往借助一定的场面，一人讲众人听。演讲者要善于营造热烈的现场气氛，调动听众的积极情绪，以求取得理想的、广泛的宣传效果。

4. 个性化

由于演讲内容、场合、主题、对象的不同，决定了演讲的形式和风格不可能千篇一律。作为演讲活动的主体，不同的演讲者在学识、修养、个性、气质等方面也会有很大的差异，因而在表现形式与语言风格上也会表现出独特的个性风采：或慷慨陈词，或娓娓道来，或严谨平实、或幽默诙谐……各具特色，异彩纷呈。

三、演讲的心理调控

演讲者的心理素质，即演讲者在演讲实践活动中自然产生和表现出来的稳定的个性特征。在演讲中，演讲者的心理活动往往是高度紧张的，因此一个成功的演讲者需要有良好的心理素质，需要有效的心理调控。

演讲家斯德尼·史密斯说："在缺乏勇气的情况下，许多伟大的才能都消失了。"演讲者登台演讲出现怯场的心理，主要有以下几方面的原因：(1)缺乏自信。(2)准备不足。(3)环境影响。

要想切实有效地克服怯场情绪，演讲者在演讲前必须做到以下几点：

1. 要有强烈的成功欲

拿破仑有句名言："因为我决定要成功，所以凡是我做的事都得到了成功。"

2. 要有充分的自信心

科学的自信，至少应具备三个因素：第一是熟悉演讲的规律、原则和具体方法，并有演讲的实际体验和感受；第二是对当代演讲的实际状况以及此时此地的演讲者和听众的水平有基本的了解；第三是对自己演讲的基本内容和所涉及的基本知识确有把握并确信能使听众受益。而要建立和培养充分的自信心，以下三条经验可供初学演讲者借鉴；一是选择自己热切关心、能显示自己特长的话题；二是假定听众"一无所知"；三是多作积极的自我声明。

3. 要有坚强的自制力

用意志去纠正感觉，保持头脑冷静。

4. 要有充分的准备

常言道"有备无患"，正是这个道理。

四、演讲的态势语言

演讲态势语，是一种以演讲者的面部表情、手势和体态等传播信息、交流感情的工具，诉诸听众视觉的无声语言。

演讲态势语的作用：(1)展示风采，(2)辅助语言，(3)取代口语，(4)稳定情绪。

演讲态势语的运用原则:(1)目的明确,(2)准确鲜明,(3)协调一致,(4)自然雅观,(5)富有个性。

演讲的态势语言是一个系统,由以下几个部分组成:

1. 演讲者的面部表情语

头、面部是演讲者形象的主体,是听众目光的焦点。

演讲时,头要正,面部正对观众,不频繁晃动。有时,头部侧位和头部垂下所表示的意义是丰富的。面部表情,主要是指演讲者通过自己的脸、嘴和眉目所表达出来的感情。有如下几种类型:喜悦:嘴角向上,眼色明亮。愤怒:嘴角向下,怒目圆睁。悲哀:嘴角微开,眉目低垂。快乐:嘴唇大开,双眉眯缝。惊讶:嘴唇大开,眉目骤张。坚定:嘴唇紧闭,目光炯炯。

面部表情是否丰富与演讲的成功与否关系密切。演讲者应通过积极的调节、控制和支配,使表情准确地、自然地和恰当地体现自己的丰富感情,使听众便于领会。

2. 演讲者视线的运用方法

"眼睛是心灵的窗户。"演讲中演讲者视线的运用,主要有以下五种方法:

(1) 前视法。指要求演讲者的视线平直向前流动,统摄全场。

(2) 环视法。指要求演讲者的视线,从会场的左右前后来回扫视,不断地观察全场。

(3) 点视法。指偶尔进行的,要求演讲者的视线,有重点地观察某个角落。

(4) 虚视法。指演讲者表面上在看听众,其实没有看。

(5) 闭目法。指要求演讲者以短暂的闭目来表示某种特殊的感情。

演讲者眼神语与其他态势语配合使用,表现力就更强了。

3. 手势与体态

(1) 手势语:手势是指从肩部到指尖的各种活动,包括手臂、肘、腕、掌指的各种协调动作的态势语言。手势语表达思想感情要同口语交际同时进行,是口语表达的辅助手段。

手势语所表达的意义,由手活动的范围、方向、幅度和形状几方面来决定。

手势活动的范围,大体分三个区间:在肩部以上为上区手势,多表示积极向上或激昂;在肩到腹部间为中区手势,多表示客观冷静;在腹部以下为下区手势,多表示鄙夷、厌恶、决裂。

手势活动的方向不同,意义也大相径庭。手势活动的幅度大小与演讲者的感情和语势有关。

(2) 体态语:体态语是由多个人体动作组成的一种相对稳定的身体形态。它同样可以传播信息和表达思想感情,同时也具有直接审美内容,有助于塑造演讲者的自我形象。

演讲必须站着,站姿非常重要。实际演讲中,这些站姿不会是单一的,总是与手势、面部表情等其他部位结合在一起,形成体态语言的节奏感,与有声语言的节奏相吻合的,从而形成演讲的整体节奏。

4. 仪表与风度

仪表是演讲者的容貌、姿态等外部特征,包括长相、身材体型以及服饰等。容貌只能化淡妆,着装要整洁大方、得体入时和协调和谐。

风度是通过人们言谈、举止和仪表所体现出来的个人风格和气度,是一个人的精神气质、文化修养和心理禀赋等诸因素的外化,是需要长期的"内功"的"修炼"。对于演讲者来说,善于保持风度,是他的首要禀赋,这样才可以左右听众。

【示例评析】

(示例1)

伟大的黑人民权运动领袖马丁·路德·金率领25万黑人兄弟举行请愿运动,在林肯纪念堂前,面对参加集会的广大听众作著名演讲《我有一个梦》,下面是其中的片段:

我有一个梦,有朝一日,这个国家会跃然而起,将立国之纲的真谛付诸实践。我们信奉一条不证自明的真理:人人生而平等。

我有一个梦,有朝一日,奴隶的后代和奴隶主的子孙会在乔治亚州的红色山岗上同席而坐,亲如兄弟。

我有一个梦,有朝一日,即便是密西西比州那里压迫和不平如同酷暑炽热的炎炎荒漠,也终将变成自由和公正的青青绿洲。

我有一个梦,有朝一日,我四个所爱的孩子将生活在一个不再以肤色深浅,而是以品格高低为论人准绳的国家里。

今天,我心怀一个梦。我有一个梦,终有一天,在亚拉巴马州,黑男孩、黑女孩和白男孩、白女孩如同兄弟姐妹一般,手挽手、肩并肩同步而行。

今天,我心怀一个梦。我有一个梦,终有一天,深谷弥合,高山夷平,崎路化坦途,曲径变通道,云消雾散见天日,万众共沐天主恩。

这就是我们的希望。我胸怀这一信念,返回南方。有了这一信念,我们就能从绝望的巨岭中开采出希望之石。有了这一信念,我们就能将喧嚣吵闹的嘈杂声转变成华丽动人的兄弟情意交响曲。有了这一信念,我们就能一起工作,一起祈祷,一起坐牢,一起为自由挺身而出。我们坚信,终有一天我们将获得自由。

〖评析〗

马丁·路德·金的精彩演讲,借助梦境,深情描绘黑人正义斗争的美好前景——消除种族歧视,实现人人生而平等,黑人和白人的孩子可以携手并肩而行……演讲中既有雄辩有力的慷慨陈词,又有诗一般浓郁诚挚的款款心曲,营造出空谷回响、震人心魄的氛围,极大地鼓舞了黑人兄弟坚定信念、团结斗争,具有极强的鼓动性和感召力。

(示例2)

辽宁省孙玉刚同志从辽阳调任抚顺商检局局长。当时抚顺商检局内部较乱,干群关系紧张。他一上任就发表一番讲话,说我来商检局上任,“带了三件东西”:一只碗,一张纸,一颗心。其中说到“碗”,他说:“平时,碗口总是向上,什么意见都能装”,“形成决议,碗口即朝下,包括我在内,谁也不能轻易翻动”,“还要用它装满水,举起来,大家看端得平不平”。说到“纸”,他说:“决不用它打收条、欠条,我要用血汗写下今后的历史,交上合格的答案。”

〖评析〗

这段简短的“就职演说”极富个性,一开头就一连用三个比喻,把一个领导者的身份、态度、今后的打算说得形象生动,耐人寻味,充分显示了公正严明、廉洁从政的决心,语言不乏幽默,一下就把领导与群众、台上与台下的距离拉近了。

(示例3)

现代著名学者、诗人、演说家闻一多先生的演讲既像诗一样美,又像刀剑一般凌厉。1946年7月11日,民盟中央委员、闻一多先生的老友李公仆被国民党特务暗杀了。闻一多和一些正义人士为李公仆举行了追悼会。在7月15日追悼会之前,闻一多先生收到了特务寄给他的恐吓信,里面还装着一颗子弹。闻一多先生凛然不惧,昂首踏入追悼会场,发表了著名的《最后一次演讲》:

……

反动派暗杀李先生的消息传出后,大家听了都悲愤痛恨。我心里想,这些无耻的东西,不知他们是怎么想法?他们的心理是什么状态?他们的心怎样长的?其实很简单,他们这样疯狂的来制造恐怖,正是他们自己在慌啊!在害怕啊!所以他们制造恐怖,其实是他们自己在恐怖啊!特务们,你们想想,你们还有几天,你们完了,快完了!你们以为打伤几个,杀死几个,就可以了事,就可以把人民吓倒了吗?其实广大的人民是打不尽的,杀不完的!要是这样可以的话,世界上早没有人了。你们杀死一个李公朴,会有千百万个李公朴站起来!你们将失去千百万的人民!你们看着我们人少,没有力量。告诉你们,我们的力量大得很!多得很!看今天来的这些人都是我们的人,都是我们的力量!此外还有广大的市民!我们有这个信心:人民的力量是要胜利的,真理是永远存在的。历史上没有一个反人民的势力不被人民毁灭的。希特勒、墨索里尼不都在人民之前倒下去了吗?翻开历史看看,你们还站得住几天!你们完了,快完了!我们的光明就要出现了。我们看,光明就在我们眼前,而现在正是黎明之前那个最黑暗的时候。我们有力量打破这个黑暗,争到光明!我们的光明,就是反动派的末日。

〖评析〗

闻一多先生在作这次演讲前受到如此巨大的威胁,但他早已作了“壮士一去兮不复还”的思想准备。是爱国志士的浩然正气鼓舞着他以“万马军中吾往矣”的气概走上讲坛,痛快淋漓地怒斥反动派的卑劣残暴,慷慨激昂地发出了与敌人斗争到底的誓言。演讲词中竟使用了几十个感叹号、十几个口号,铿锵有力,气势磅礴,具有极大的震撼力。

第一节　命题演讲

【知识概要】

命题演讲是根据既定的题目或限定的主题范围,事先作了充分准备的演讲。一次成功的演讲需要作精心的构思和设计。

设计演讲的技巧,包括演讲采取的方式、结构的组织、时间的把握乃至语言风格等等。设计演讲的结构就是将演讲的各个组成部分的搭配和排列组织好。

一、有单一明确的主题

演讲者应旗帜鲜明地提出问题,并发表自己的观点。主题要新颖,观点要贴近时代、贴近生活,有自己的真情实感。

二、有引人入胜的开头

命题演讲的开头，要力求先声夺人的效果，赢得听众的好感和信赖。第一，要用友好的方式，向听众表示敬意，促进演讲者和听众之间融洽的情感交流。第二，用听众喜欢的称谓、术语吸引听众，使之产生情感互动。第三，尽量寻找与听众的共同点（包括思想观点、文化背景等），增强听众认同感，调动“听众参与”。第四，精心设计开场白，引人入胜。常用的开场白方式有：直入式和导入式两大类。直入式即开门见山揭示主题，或叙演讲的主题，或叙演讲的缘由，或叙具体的事实等等。导入式是在演讲本题前先来一个楔子，用一段与演讲正题有关联的话语，或设置悬念，或激发兴趣，或引起关注。可以先叙一个幽默故事、一件惊人的事实、一则笑话、一首小诗、一个比喻、一句名言等。

三、饱满充实的主体

要始终抓住听众的注意力：第一要求感情充沛，第二要求层次清晰，第三要求叙事生动，第四要求有几个小高潮，构成波澜起伏的节奏。常用的方式有：对比式、递进式、抒情式、总分式等。

四、精妙的收尾

命题演讲的结尾，往往既是水到渠成，又意犹未尽；高潮既是高潮，又戛然而止。常用的结尾方式有总结式：归纳全文，突出中心；呼吁式：发出号召，激励听众；祝愿式：真情祝福，表达愿望；佳句式：名言警句，余味无穷……

五、生动、抒情的语言

成功的演讲是以理服人，以情感人。其语言的最大特点是生动性和情感性。演讲中除了直抒胸臆的情感倾泻，还经常运用比喻句、排比句、设问句、反问句、感叹句等来营造抒情效果。有时也借助语音来传情。通过声音的高低、强弱，语速的快慢、疾徐，语调的抑扬顿挫来表达坚定、昂扬、深沉、抑郁、快乐、失望的情绪及其变化，从而调动听众情绪引起情感共鸣。

【示例评析】

（示例 1）

在某团精简整编大会上的演讲

解放军　龙志辉

敬爱的首长，亲爱的战友：

当你置身于这庄严而肃穆的礼堂，面对闪闪发光的军徽时；当你汹涌澎湃的心潮与火红的军旗融为一体时，你想到了什么？作为一名老兵，也许你感到了无限的自豪与满足；作为一名新兵，也许你感受到的是万分的荣幸与骄傲！这一切的感想也许都是因为你是团队的一个兵。

多想再聆听一次熟悉的军号,多想再轻抚一次火红的军旗,多想再看一眼温暖的营房。然而,我们就要走了,就像刚刚从战争的硝烟中走来一样,那么坦然,那么坚毅,那么沉稳,那么威武!我们知道这是祖国和人民的需要,这是国防现代化建设的需要,就像母亲需要一个勇敢坚强的孩子一样,我们任党去挑选,到祖国最需要的地方去!我们就要走了,但挥不去的是历史的痕迹,最难忘却的是最深的记忆!

六十一载的风风雨雨里,我们光荣的团队用血与火锤炼了壮美的生命,又用辛劳和汗水奏响了拥护改革开放,建设伟大祖国的时代强音。谁能不因生活在这样一个光荣的团队而感到骄傲和自豪呢?谁又能抛开脑海里那刻骨铭心的记忆呢?

战友们,还记得吗?在青藏线上,在沙柳河畔,我们斗酷暑、战烈日、风餐露宿,不知熬过了多少个艰难的日日夜夜。不经特殊的磨砺,谁敢踏进高原七月的暴风雪呢?谁敢顶着高原紫外线的灼伤,挥锹抡镐、奋力拼搏呢?高原绝没有啤酒沫和六弦琴上的潇洒和忧伤,也没有席梦思床上的温凉,那里是血和汗的战场!我们的腰累弯了,却把挺直的脊梁给了高原;我们的脸晒黑了,却把亮丽的色彩给了高原。谁都不会否认,这是一支铁质的队伍,它的精神将以一个征服者的姿态永远屹立于青藏高原!它是真正伟大的高原魂!

你敢说你会忘记我们团队充满战斗色彩的名字吗?

你敢说你会有损于"攻如锥,守如钉"这个充满顽强色彩的光荣评价吗?

不,不能,直到生命的尽头都不能。

祖国不会忘记,人民不会忘记,历史不会忘记!光荣的团队,它的功勋将永垂史册!

——摘自《演讲与口才》2002 年第 8 期

〖评析〗

这是一位老兵在转业前夕与战友告别大会上所做的命题演讲。铁打的营盘,流水的兵。该演讲者深情表达了对部队生活的热爱和眷恋,对自己的团队的骄傲和自豪,显示了一名老兵的宽广胸怀和豪迈气概。整篇演讲词主题鲜明,层次清晰,激情洋溢。在结构上,以问题切入式开头,引发思考;以铿锵有力的誓言作结,令人感奋。语言优美而有诗意,多用设问、反问、排比、反复等修辞手法,加强语言气势和情感波澜。

(示例 2)

让我们把上海装点得更美丽
观《大战沪宁杭》有感

各位老师、各位同学:

今天,我的演讲题目是:让我们把上海装点得更为灿烂辉煌!

当朝阳把第一道红光披上东方明珠,当内外环高架和地铁轻轨沟通起南来北往的经济血脉,当稚嫩婴儿的啼哭带起新世纪的第一下钟声,请允许我问一声:您将有怎样的联想?

美啊,上海!是啊,这是多么壮美,又是多么充满生机的上海。可是,此时此刻,我想到的却是电影《大战沪宁杭》中一组难以忘怀的画面:在前方,为了人民的解放事业,一批又一批的解放军战士倒在了敌人的炮火和枪林弹雨之下;在后方,为了上海的明天,白衣天使接生出了划时代的新生儿——未来的社会主义建设者。影片的寓意是发人深省的。

也让我们作一番蒙太奇组接吧:51 年前,五月的上海,气势磅礴,中国人民解放军以摧枯拉朽之势粉碎了敌军 23 万正规部队,3800 多座钢筋水泥碉堡和密密层层的地雷、铁丝网;五月的上海,柔情似水,中国人民解放军不居功、不扰民,在战斗疲惫之际,他们静静地躺在街道两边。《大战沪宁杭》固然是战争片,但编导并不一味刀光血影,它既以静衬动,用战士们的爱好生命、爱好和平来展示他们的牺牲奉献精神,又浓墨渲染而真实地反映出战士们的博大胸怀,那就是,上海是人民的大都市,为了让它完整地回到人民的手中,他们严格遵守"在城市不得开炮"的命令,哪怕为此多付出了许多年轻的生命。

"钟山风雨起苍黄,百万雄师过大江。"如此军民团结的部队,如此纪律严明的部队,如此视牺牲奉献为己任的部队,谁能够对此而无动于衷,谁能够对此而不受到震撼呢！岁月荏苒,转瞬间,当年上海的解放者已是我们的祖辈,我们的日历翻到了新千年,我们的生活内容也已经由工业经济社会进入到知识经济社会,而上海也已经由千疮百孔焕然为光辉灿烂,由旧中国的冒险家的乐园转变为人民的康庄大道。

《大战沪宁杭》的电影刚刚结束,《大战沪宁杭》的枪炮声似乎依稀可辨,对此我们的心无法平静。我仿佛听到了那一声在上海解放的炮火洗礼中诞生的婴儿的啼哭声,那是我们父辈的新生,那也意味着我们的新生。《大战沪宁杭》奏响的是一曲英雄主义的颂歌,他们的事业将永远存在,高尚的人们将永远纪念他们,同时伴随着新生儿的一声又一声的啼哭,我们一代又一代也必将变得更加坚强。我们要说:来吧,新千年的莘莘学子们,让我们把上海装点得更为灿烂辉煌!

〖评析〗

这是一次有关影视评论的演讲。标题简洁醒目,开场白用了描述和设问的方式,有助于启发听众一起想象,一开头就抓住了听众的思路。演讲者将历史和现实,将电影和生活紧密勾连,将叙述、抒情、议论融于一体。思路严密,层层递进。结尾用号召性语言点明主题。语言口语化,修辞形式多样,短句、对比、引用、呼告迭出,这些都大大增强了表述的生动性。

【模拟训练】

〖训练题 1〗

请以《你能为特奥会做什么》为演讲题,设计两种形式的开头。

〖训练题 2〗

用两种不同的方法设计一段 18 岁成人仪式演讲的结尾。

〖训练题 3〗

以《我拥抱你,世博》为命题,每人在班级组织的演讲会上作演讲。

第二节　即 兴 演 讲

【知识概要】

即兴演讲又称即席演讲,指事先无准备,根据现场的感觉临时发表的演讲。闻一多先生的《最后一次的讲演》就是一篇著名的即兴演讲。

一、即兴演讲的特征

1. 临场性

它必须靠临场准备，临时发挥。

2. 敏捷性

即兴演讲者的快速构思必须抓住“选题”和“定格”这两个关键。所谓选题，即话题，即兴演讲的定格常用开头、主体、结尾“三格法”。

3. 简洁性

以简练、含蓄而抒情的语言取胜。

二、即兴演讲的准备

1. 智能准备

俗话说“养兵千日，用兵一时”。没有日积月累的学习和锻炼，没有丰富生活积累和知识储备，临场就不可能出口成章，妙语连珠。

2. 心理准备

即兴演讲中，演讲者的心理素质直接关系到即兴演讲的成败。因此要通过训练做到：一要放松，养成“在乎而又不太在乎”的态度；二要自信。放松的关键在于“自信”，不要去想对自己不利的反面因素。

三、即兴演讲常用的结构思维训练法

1. 线形结构法

就是先确定演讲的主题，以此为“意核”，然后将与之相关的几个点连接成纵向发展一条线，例如：即兴演讲词《当你遇到挫折的时候》的结构主线为：挫折是一种宝贵的经历（“意核”）→小时候极想成为一名巴金式的大作家→4 年前高考失利（专业不合理想）没为此失望、痛苦→毕业后到山区考察，那里景美人淳，但落后贫困令人痛心→在现实生活启迪下，摆脱理想受挫的痛苦，萌发向命运挑战的决心。

2. 散点连缀法

就是把你头脑中的人、事、物的散点按照一定顺序和结构连接成篇，如（示例 1）。

3. 借题发挥法

它的要诀是“媒介（人、事、物、景等）+ 联想”，它是即兴演讲中最基本的方法，如（示例 2）。

4. 提纲挈领法

又称“片言居要法”，它是先举出一个成语、俗语、警句或某种比喻来表达自己的观点，接着就以它为红线，进行层层阐述。

5. 三步法

就是以平时所说的“是什么”、“为什么”、“怎么办”逻辑思维为三步，逐步展开。此法很常用。

【示例评析】

(示例1)

上海市新闻工作者协会主席王维同志在某次场合所作的即兴演讲：

我来参加会议，没有想到有这么好的会场，这个会场不要说是企业报记者协会成立大会，就是记协成立大会也可以在这里召开。我来参加会议，没有想到有这么多的企业报记者、编辑参加这个大会，它说明企业报的同仁是热爱自己的组织、支持这个组织的。我来参加会议，没有想到今天摆在主席台上的杜鹃花这么美丽。鲜花盛开这标志着企业报记者协会也会像这杜鹃花一样兴旺、发达……

〖评析〗

王维同志的即兴演讲通过三个"没有想到"，将会场、人员、鲜花这三个"散点"有序地连缀在一起，从而揭示了企业报记协的实力，赞扬了会员们的凝聚力，并表达了对企业报记协的美好祝愿。

(示例2)

2006年9月18日，在上海市群星职业学校升旗仪式上，刘弘老师做了《重走长征路》的即兴演讲，其中这样演说道：

今年7月~8月，我和张建玲、胡庆燕等几位老师重走长征路，沿着一、二、四方面军走过的地方，自费进行红色之旅考察采访，历时一个多月，走访湖南、贵州、四川等省，考察了二十多个城镇，积累了数万字笔记和数千张照片。

为什么要重走长征路呢？是因为长征太伟大了，太让我感动了。毛泽东曾经说："自从盘古开天地，三皇五帝到如今，历史上曾经有过我们这样的长征吗？没有，从来没有的。"美国记者索尔兹伯里在《长征——前所未闻的故事》书中说："人类曾经有四大史诗：以色列人从埃及出走，汉尼拔翻越阿尔卑斯山，拿破仑进军莫斯科，美国人开发西部。但是他们与长征相比，都黯然失色。长征是无与伦比的！"

为什么要重走长征路？还因为面对长征，仅仅是文字的平面阅读，已经不能让我满足。读万卷书，行万里路。我想亲临实地、到长征路上感触它们的过去和现在，去看一看、摸一摸、听一听、想一想：

在贵州的娄山关上，我想象着70年前的"苍山如海、残阳如血"；在土城的长征街，我们感受到老乡是那么朴实和热情；在赤水县丙安古镇，我聆听亲历者的诉说，触摸着那城门、那石碑、那河水……

〖评析〗

这个演讲，以自己的亲身经历表达对长征历史和长征精神的真切感受。以"三步法"构建逻辑思路：重走长征路→为何重走长征路→"长征路上"的所见所感。思路清晰，层层推进，牢牢地抓住了听众的心。

【模拟训练】

〖训练题1〗

运用"是什么"、"为什么"、"怎么办"的框架构思模式，以《我最崇拜的人》为演讲题目，先构思3分钟，再即兴演讲3分钟。

〖训练题2〗

用散点连缀法(即连点法)在全班开展一次即兴演讲比赛:

(1) 每位同学设计一个“散点”,写在纸上;

(2) 演讲者提前3分钟抽取3张纸条准备;

(3) 自己设计语境,确定讲话中心,上台演讲。

提示:“散点”是即兴演讲特定的(或设计的)语境中闪现的景、人、事,是演讲的“切入口”或借题发挥的话题,几个散点之间要同主题形成有机的联系;在训练中不要简单地为理解这几个词而造句,也不要把这几个散点生拉硬套拼凑在几句话里。

〖训练题3〗

选择下列题目进行即兴演讲训练(先考虑用什么结构方法比较好)

(1)“手”的联想;

(2) 蓝天、大海、帆船、礁石、我;

(3) 朋友、老师、兄长、平凡的人;

(4)世博、黄浦江、专业技能、我。

第三节　致　　辞

【知识概要】

一、致辞的概念与分类

致辞是指在正式场合,作为个人或集体代表,向对方表示欢迎、感谢、祝贺、勉励、慰问等意思的一种讲话。

致辞可分为:祝贺词(祝婚词、祝酒词、祝寿词等)、迎送词、答谢词、开(闭)幕词、告别词、悼词等。

二、致辞的基本要求

1. 态度热情真诚

致辞要有一定的感染力,所以必须态度诚恳、感情真挚。讲话者必须情动于衷,形之于声,充分表达自己的美好祝愿或深切之情,真情实感溢于言表,才能打动听众。

2. 言辞得体生动

在不同的集会活动中,可以根据活动的不同性质(喜庆、告别、悼念等),针对不同的听众(包括年龄、职业、知识水平、接受程度等)来选词用语,以形成或庄重、或活泼、或典雅、或通俗的不同的言语风格。在致辞中,切忌谈及人们的过失和不幸,也要避开引发人们对缺点、遗憾的联想的话语,这样才能与气氛相协调,与交际目的和交际情景相一致。

3. 角度新颖巧妙

致辞要注意选择表达角度,要善于就地取材,从人们司空见惯的话题中挖掘出不同凡响的新意。

【示例评析】

（示例1）

在一位刑警婚礼上的致辞

朱晓东

同志们，朋友们：

在2002年元旦这个喜庆的日子里，我们欢聚一堂，祝贺我局刑警张宇州与信用联社职工汪亚男新婚之禧。在此，请允许我以环县公安局全体民警的名义，向刚刚步入婚姻殿堂的这对新人表示由衷的祝福，向出席婚礼的各位嘉宾表示诚挚的敬意，向凯莱酒楼全体员工的热情服务表示真切的感谢！

汪亚男同志嫁给了刑警，她应该知道：

嫁给刑警，意味着她将每每在午夜时分被要求出警的电话铃声震醒；

嫁给刑警，意味着她将常常几天、十几天、几十天地见不到他的影子；

嫁给刑警，意味着锅碗瓢盆、柴米油盐、老人小孩、家里家外的重担将更多地落在她的肩上；

嫁给刑警，就等于嫁给了义务，嫁给了责任，嫁给了风险与艰难，嫁给了自豪与光荣！

我为刑警有这样的好妻子感到自豪，感到骄傲。为此，请允许我以环县公安局全体民警的名义，向乐于嫁给刑警的汪亚男同志祝福，向汪亚男同志致敬！同时，向敢于嫁给刑警的女孩问好！向敢于把自己的掌上明珠嫁给刑警的父母问好！因为你们是公安事业走向光辉的坚强后盾，有了你们的理解与支持，我们就不怕后院起火，就没有后顾之忧，就能够保证招之即来，来之能战，战之能胜，保障社会治安大局稳定与人民生命财产安全。谢谢你们！

最后，祝新郎新娘相亲相爱、白头到老，希望各位来宾不要客气，吃饱喝好！

谢谢大家！

——摘自《演讲与口才》2002年第9期

【评析】

这是一篇祝贺辞。刑警自有刑警的豪迈和责任，领导自有领导的关怀和感谢。通篇通情达理，情真意切，发自肺腑，打动人心。

（示例2）

在初中毕业生告别仪式上教师代表的致辞

庄树前

尊敬的各位领导、老师、学生家长，亲爱的同学们：

你们好！首先我代表初三年级全体教师向今年毕业的所有同学表示衷心的祝贺，祝贺你们圆满地完成了初中学业，祝贺你们的前途更加辉煌、灿烂。

几年来，你们经历了艰辛坎坷，也饱尝了苦恼和喜悦。真是鲜花和荆棘一路，长歌与笑语齐飞。几年的苦学，使你们的生活充实了，思想成熟了，信念也更坚定了。不仅学到了知识，而且锻炼了意志，磨练了性格，这些都是你们和我们共同引以为自豪的。

再过几天,你们就要和母校告别了,这意味着你们那充满紧张和活力,拥有欢笑和友爱的初中生活将要结束,人生的列车将载着你们向新的目的地驶去。当我们这些教师掸去衣袖上的粉笔灰,向你们挥手送别的时刻,看着你们个头的长高、知识的增加,我们感到万分的激动和欣慰。

忆往昔,难忘师生共度春秋;展未来,欲盼学子再现辉煌。无论你们走到哪里,母校——东北师大附中东校的老师都牵挂着你们,祝福着你们。你们理想是求未知数X,你们的未来是关于X的一元二次方程 $ax^2+bx+c=0(a\geqq 0)$,你们的探索和追求这是解方程的过程,而这个一元二次方程的根的判别式 b^2-4ac,就掌握在你们的手中。我们相信,它永远大于等于0!

最后,希望你们常回家看看!

〖评析〗

这是一篇欢送辞,热情洋溢,亲切自然,表达了教师对学生的深情厚意与殷切期待。用一元二次方程来打比方,十分贴切,非常好记,容易引起初中毕业生的共鸣。

(示例3)

原加拿大总理特鲁多在答谢我国政府的宴会上致辞的开头是:

"昨天我欣赏了香山枫叶,使人想起了我们国家的秋天,那枫叶也是我国秋天的美景,大家知道枫叶还是加拿大国旗图案。我请大家尝尝宴会上的糖果,它是从枫叶中提炼出来的,是不是和北京市场上的果脯一样甜蜜?"

〖评析〗

这是一篇答谢辞。这样的开头典雅、优美,尤其注意了以两国相通的事物来沟通演讲者与听众的情感,具有沁人心脾的最佳效果。

【模拟训练】

〖训练题1〗

兄弟班级举办一次新春联欢会,作为被邀请者,你将怎样致辞?

提示:先拟定一个提纲,默讲一遍,然后脱稿大声说一遍。致辞要热情,可以赞颂对方班级的优点,谈双方的友谊,新春的喜悦等。时间2分钟。

〖训练题2〗

你的父亲(母亲)为爷爷(奶奶)举行七十大寿的庆祝宴会,你作为家庭第三代的代表,向爷爷(奶奶)致贺辞,字数在300字以上。

〖训练题3〗

你所在的学校积极组织技能选手参加上海市中等职业学校第二届"星光计划"技能比赛,在初赛开幕式上,你作为主持人,发表一则开幕词,字数300字左右。

第十章　论　　辩

【导学提示】

所谓论辩，就是参与谈话的双方就某个问题进行分析、辨析、辩解、说明，从而阐明各自不同见解的口头交际方式。通常是指辩论的双方站在彼此对立的立场上，就争论的问题，发表自己的见解及论证理由，揭露对方论证中的矛盾，反驳对方错误的观点和意见，在论证与反驳中辨明真理而进行的语言交锋和思想碰撞。

口头论辩的形式大致有三类：一类是专门场合下进行的有特定议题的论辩，如谈判论辩、法庭论辩；一类是由日常生活、工作中的矛盾引起的人与人之间的争辩，如邻里争辩、同事间争辩、上下级争辩；再一类就是各种形式的论辩赛。

在日常生活和众多公共关系事务中，我们常常会遇到需要论辩的场合。尤其是当今社会，口才则是一个人与外界交往的第一窗口，滔滔辩才必然是人才园林里"关不住""出墙来"的一枝枝"红杏"！出色的辩才，来自于丰厚的知识积累、逻辑严密的思维能力和在不同场合下的训练实践。

第一节　现 场 论 辩

【知识概要】

论辩，不仅是人们相互交流思想，而且是在分析和揭露思想观点产生的思维过程中的矛盾，通过分析思维过程的正确与否来验证思想观点的正确与否。这种语言运用方式，不仅在正式组织起来的辩论场合被应用，而且在人们日常交谈、文章写作中也随时随地被应用。人们在看法、意见不相一致的情况下，往往应用论辩的方式强调自己的看法和意见的正确性，用以说服他人。有的人认为论辩只是在辩论场合适用，这是误解。实际上，现场论辩在人们的日常语言交际中适用范围相当广泛。

我们知道，论辩赛的论辩并不需要说服对方，而只需要说服评委与听众；只要评委与听众被说服，论辩也就胜利了。以软化对立为目的的日常论辩则不一样，它不仅要求说服对方，而且要求自己做好被说服的准备（这一点正是论辩赛的大忌）。可以这样说，在日常论辩中，不是一方被另一方说服，而是双方都被道理说服。因此，日常论辩的要求是力求用道理去说服双方。

现场论辩的要求是：

一、观点鲜明

论辩不是无谓的口舌之争，因此一开始，就要旗帜鲜明地亮出自己的观点，表明自己的立场，包括讲清自己的论点、论据和论证（尤其是论点）。语言不含糊其辞，不模棱两可，避免对方误解自己，引发不必要的新对立。

二、说理严密

论辩既然是不同观点各方的唇枪舌剑，必然伴随着是高质量、高速度的思维活动。不仅要有敏捷的反应，还要有严密的逻辑性。一方面要使自己的论点、论据严密统一，阐述合情合理，令对方无懈可击；另一方面又要善于从对方的发言中寻找漏洞，抓住其违反逻辑的破绽，打开辩驳的突破口，才能始终掌握论辩的主动，立于不败之地。

三、巧用辩术

论辩是一门艺术，既是智慧的角逐，也是话语的较量。高明的论辩者总能通过巧妙的回答，摆脱对方所设的圈套，使其目的落空，从而化被动为主动，达到利于己方立论或反驳对方的目的。

1. 因势利导

因势利导原意指指挥作战的人能根据战争态势加以引导而取得胜利。论辩中，就是根据对方抛出的某个话题，顺势将其拉入自己的观点范围，循循善诱，使整个论辩向着有利于自己的方向发展，并最终说服对方。

2. 逆向思维

有时在论辩时，明知对方持论偏颇，却找不到理由反驳。此时，要找准突破口，从相反角度逆向质疑，就可以化被动为主动，反守为攻，解脱困境。

3. 寓庄于谐

寓庄于谐指的是利用诙谐幽默的话语说出庄严肃穆的道理。往往可使紧张的气氛变得轻松，严肃的场面变得活泼，有利双方情感的沟通。

【示例评析】

（示例1）

北京师范大学于丹教授在《百家讲坛》讲“《论语》心得”时，有人责问她：“《论语》中讲的是两千多年前的老道理，对现代人还管什么用？”言下之意，于丹讲的“《论语》心得”不合时宜。于丹坦然地回答：“我觉得，只要是真理，到任何时候都是有用的。我们的眼睛，看外界太多，看心灵太少，这是现代社会的通病。这就好比是一个生病的人，按照几千年前的药方抓药治病，只要能治好病，谁又能说几千年前的药方不好呢？心痛还需心药医，《论语》就是我们的心药！所以，我觉得目的是关键，手段要变通，不管黑猫白猫，能逮到耗子就是好猫。既然我们的老祖宗在《论语》中早就为我们写好了‘药方’，那我们就不要浪费了。”在一片会心的笑声中，听众们微笑着点头鼓掌。

【评析】

任何学术理论都会有争议，面对质疑，于丹没有针锋相对，而是用通俗易懂的语言做出了自己精彩的回答。首先，她以“我觉得只要是真理，到任何时候都是有用的”对问题做出了明确的回答。接着用形象的比喻把现代人的浮躁和《论语》中修身养性的智慧比作生病和药方，“只要能治好病，谁又能说几千年前的药方不好呢？”以有力的反问再次照应了前面的回答。于丹没有使用专业晦涩的词汇，而是用唠家常的方式将深奥的古老智慧用最简单明了的语言传递给观众，让人们用最熟悉的语言对《论语》有了直观的认识，使质疑的人不得不心悦诚服。

(示例2)

一次，美国总统福特去某城度假。返回时途经一个比较闻名的小镇，他在当地官员的盛情邀请下发表了演讲。演讲结束后不久，有一位反对派女士不怀好意地问他：“听说总统先生今天在我们这儿发表了演讲？”福特谦虚地说：“唉，这算不了什么，也没谈出什么道理。”这位女士正想出福特的丑，便抓住话柄不留情面地讥讽道：“不错，我觉得您的演讲实在是太糟糕了，我果然没有听出什么道理。”福特这才明白原来这位反对派女士是在故意找碴，但考虑自己的身份，便温和地回敬道：“夫人，这是因为道理从我嘴里出来，又从你的耳边飞走了。”这位反对派女士脸色窘红，无言以对。

〖评析〗

老子说：“天下之至柔，驰骋天下之至坚。”在论辩过程中不妨用以柔克刚的技巧。这位反对派女士故意找碴，想让福特在众人面前尊严尽失。但面对她带有挑衅性质的讥讽，福特没有针锋相对、反唇相讥，而是以柔和的语气巧妙地讽刺了她的听力和接受能力。语气虽然温和柔韧，但话语里却柔中带刚，将这位女士反驳得哑口无言。

(示例3)

明代哲学家王阳明任官时曾捕获一个强盗头目。受审时，强盗很爽快地说：“要杀要剐，随你处置，只不要和我谈道德良知。”王阳明当即说：“好。不过天热，把外衣脱了吧。”强盗赶紧说：“好，好。”王阳明又说：“还是热，把外裤也脱了吧。”强盗不在乎，也照办了。王又更进一步道：“干脆把裤头也脱了吧。”强盗连忙说：“这可使不得。”王见火候已到，便说：“为什么使不得？因为你心中还有羞耻感，这样就是道德良知，可见你虽为强盗，我也可以和你谈道德良知。”终于，强盗心服口服，将罪行如实招供。

〖评析〗

王阳明因势利导，步步为营，破坏了强盗与自己抗衡的筹码，最终感召了强盗。可见，因势利导高就高在“顺”和“导”上。“顺势”能够在不知不觉中瓦解对方的心理防线，而“利导”将对方“和平演变”，收到出乎人意料的论辩奇效。

(示例4)

但丁有次被那不勒斯国王邀请去宫中作客。进入大厅，全是锦衣玉服的王宫大臣，侍者见但丁衣服破旧，便招呼他在一个角落坐下。宴会结束，国王才想起冷落了但丁，连忙派人追回但丁，另设宴款待。

这次，但丁换了一件崭新锦袍，宴会时，却一再将食物、美酒倒在身上，群臣抿嘴而笑，国王也极为好奇。但丁说：“我先前穿的破衣服，被人瞧不起，现在换了新衣服，却受到盛宴招待，可见受重视的是衣服，所以我要让它尝尝佳肴美酒的滋味。”王与群臣闻言惭愧不已。

〖评析〗

面对势利之徒，但丁是气愤的，但是毕竟要顾及国王的尊严。话语虽诙谐，道理却深刻；尊重一个人应该从心里开始，而不能以貌取人。这番话亦庄亦谐，威力无穷，因此使国王汗颜。

【模拟训练】

〖训练题1〗

石坚来自农村，家境贫寒，平时衣着朴素，但性格坚强，特能吃苦。一天，几位同学在浇教室前的花，其中一位指着其貌不扬的仙人掌说：“石坚，你给我的感觉就像这盆仙人掌。”

这话极易让人产生误解，如果你是石坚，你该如何进行语义核对？

〖训练题2〗

对下面一段辩辞进行评析讨论，看看其中分别运用了什么方法、技巧。

辩题：《温饱是谈道德的必要条件》（正方）

《温饱不是谈道德的必要条件》（反方）

正方：我请问对方一个问题：贫困的社会中有没有道德？

反方：我也请问对方一个问题：又饥又寒的小孩子，偷你一块面包，你会用道德惩罚他么？

正方：难道法律中就没有道德观念么？

反方：对方好像说越穷道德就越好，有这个可能，但我认为这是一种虚伪：让穷人去穷吧，但我可以说你好，这样我就不用去帮助他解决温饱了。

正方：“穷人的孩子早当家”，欧阳修、范仲淹、笛卡儿，哪一个不是在贫困中培养起他们高尚的道德呢？

第二节　赛场论辩

【知识概要】

现场论辩时，论辩双方各自有明确的立场和主张，辩论的目的是为了说服对方接受自己的观点或争取第三者支持自己的观点。与此同时，自己也要有被对方说服或作出妥协的心理准备。论辩赛则不同，它往往不问论辩者本人的立场和主张，而侧重于人们的论辩技巧的比赛。比赛双方都不准备说服对方或被对方说服，而以驳倒对方、争取评委的裁决和听众的反响来击败对方。

一、赛场论辩的特点

（1）论辩的题目、论辩的程序、发言的时间等，都是由论辩赛的组织者所决定，参赛者必须按规定进行论辩，不能随意改变。

（2）比赛胜负标准包括立论、材料、辞令、风度以及应变技巧等综合因素，胜负由评委根据标准及主观印象进行裁定。

(3) 论辩时只能针对对方的观点和理由进行攻击,而不能涉及对方的立场和人品。

二、辩论赛参赛者需要具备的基本素质

1. 广博丰厚的知识储备

由于辩论赛对理论功底、学科深度、知识面、逻辑思维等要求都很高,选手们必须准备各方面知识,进行大容量的训练。他们被要求对伦理学、法学、宗教、逻辑、经济、管理、心理学等等都有所涉猎。辩论不是比嘴皮子,而是比思维能力。如果嘴皮子比脑子动得快,那最多是在吵架。反之,就可以成为思想家。因此,我们也可以说,辨才背后是全才,也就是博学、博闻、博引。拥有了这些条件,辩手们才有可能文理贯通,视野开阔,在辩场中做到左右逢源,得心应手。

2. 灵活多变的表达手段

悠悠五千年中华文明孕育了汉语,使之达到至善至美的艺术境界。汉语不仅有丰富的词汇,灵活多变的语法结构,历代的成语、警句、诗词堪称世界之最。所以,利用多种语言表达手段,使辩辞在情感上、逻辑上产生某种联系,能生发幽默的现场作用,进而激出一种以情动人、以理服人的奇特效果。

3. 坚持到底的坚强意志

辩论一开始就要先声夺人,居高临下,始终在气势上压住对方。气势源于自信,靠意志支撑。

两队争辩有如两军对垒,赛场有如战场:态势瞬息万变,机遇与陷阱同在。比赛时,若能按照意图诱敌深入,自然高明,实际上,人之所以为人,是因为人不能料事如神,即使是伟大的天才也如此,比赛中谁都想出奇制胜,都在制造"杀手锏",随时随地都在把对方置于死地。对付这样的竞争,队员的信心与斗志就成为能否进入最佳辩论状态的关键所在了。一旦身处逆境,自信受到挑战,只有靠坚强的意志,自己与自己搏斗。事实上,流水只有在碰到抵触的地方,才能把它的活力激发。两军对垒勇者胜。

【示例评析】

(示例1)

2005年国际大专辩论赛,半决赛赛题《善未必有善报》

正方:南丁格尔救人于危难,难道也是有时造成善的影响,有时造成恶的影响吗?

反方:护士未必就是善的,护士也未必就是白衣天使。请问,对商纣王忠心耿耿的比干被挖心,难道他得到了善报吗?

……

反方:请问,名医扁鹊好心救人,结果却因嫉妒被害。这又是善报吗?

……

反方:我们说诸葛亮"常使英雄泪满襟",若诸葛亮得到善报了,那哭什么?

……

反方:诸位都知道美人鱼与王子的故事。可为什么王子没有回报美人鱼的恩德呢?

……

反方：有一个护士，她叫喝酒的病人“小心肝”，而病人则回应护士“小宝贝”，请问，它的善报何在？

〖评析〗

以上短兵相接的盘问中，反方辩手信手拈来人们熟知的事例，如比干、扁鹊、诸葛亮、美人鱼等，并且适当穿插当今流行的段子，使得辩论鲜活、灵气、富有时代感。它表明，辩手们具有较好的语言文化知识，所以能利用信息传递中的文化差异，来对自己的观点作画龙点睛的论证。

（示例2）

辩题《好马不吃回头草》

正方：如果回头草有利社会进步，个人发展，那么是不是应该吃呢？

反方：如果前面有肥沃芳草，后面是残羹冷炙，为什么要吃呢？

正方：我们说的回头草并非重复，而是继承传统。只愿大家越吃越香。陈世美就因坚持不吃回头草，留下千古骂名。

反方：陈世美是他自己要犯重婚罪，并不是不吃回头草。请问，吃回锅肉是不是吃回头草呢？

〖评析〗

这番话表现了反方辩手的诙谐。其妙处在于，他们利用一个“草”，巧妙串联成短语“肥沃芳草”，又将之与残羹冷炙对比，令人捧腹；又借吃“回头草”模拟出“回锅肉”。这几处借修辞而起兴的论辩，不仅收到幽他一默的效果，还在情感上拉近了与听众、评委的距离，博得了他们的好感。

（示例3）

复旦一辩：医学已经搞了几十年，但是还没有搞出来，我们看到，社会系统工程出台后已经取得了有效的效果。

正方：什么有效效果啊？

复旦一辩：这是有目共睹的。我们从未否认过医学也要参与其中，但不是说医学参与就是医学问题。我在报纸上看到奎因街发生五次火灾都有医生参加，但这五次火灾都是医学问题吗？

正方：你说社会问题可以参与其中，但是社会问题就等于是医学问题吗？

复旦四辩：对方终于退了一步，认为医学是没法解决的，只有靠社会系统工程，论证了我方观点，谢谢。

正方：现在是绝症就能证明以后是绝症了吗？在历史上，黑死病，糖尿病，都曾是绝症，但在医学发展下都一一解决了，对方怎么解释？

复旦三辩：真解决了吗？东南亚现在不还在流行瘟疫吗？这可是社会问题。

正方：因为它们没有足够医学知识和医疗设备。

复旦二辩：不是有了钱就能解决问题的！艾滋病现在是社会问题，解决以后就不是社会问题吗？感冒是可以治疗的，大规模感冒还是一个社会问题。

〖评析〗